홍콩
마카오
맛집

홍.콩.마.카.오.맛.집_우리는 먹으러 홍콩·마카오 간다

초판 1쇄 발행일 2025년 7월 15일

지은이 페이웬화 · 황윤정
펴낸이 허주영
펴낸곳 미니멈
디자인 황윤정
일러스트 페이웬화
주소 서울시 종로구 부암동 332-19
전화 · 팩스 02-6085-3730 / 02-3142-8407
등록번호 제 204-91-55459

ISBN 979-11-87694-32-8 03980

가격은 뒤표지에 있습니다.
잘못된 책은 바꾸어 드립니다.

미슐랭부터 노포까지
홍콩·마카오의 모든 맛

홍콩 마카오 맛집

우리는 먹으러 홍콩·마카오 간다

페이웬화 · 황윤정 지음

minimum

저자의 말

홍콩의 맛,
변화와 전통 사이에서

서두를 지극히 개인적인 이야기로 열어보자면, 우리 부부는 연애할 때 종종 대만으로 맛있는 음식을 먹으러 다니다 결혼과 동시에 2016년 《대만맛집》을 출간했고, 내친김에 속편으로 '홍콩맛집'을 내겠노라 호언장담하며 신혼여행으로 장기 홍콩 출장을 다녀왔다. 남들이 신혼여행 가면 다 묵는 스위트룸, 허니문 리조트 등 로맨틱한 숙소에는 눈곱만큼도 눈길을 주지 않고 우리는 좁고 척박한 홍콩 에어비앤비에서 쪽잠을 자며 다음 날 홍콩 미슐랭 레스토랑에서 식사를 하는 입과 배가 고된(?) 행군을 이어갔다. 이후에도 우리는 책을 출간하겠다는 일념하에 잘 먹는 지인들을 모집하여 종종 홍콩 미식탐방을 다녀왔기에 어느덧 거진 책이 완성되어 인쇄를 앞두고 있던 찰나, 2020년 코로나19가 발발했다. 홍콩으로 가는 항로는 모두 막혔고 사람들은 외식조차 삼갔다. 구글지도에 아끼는 홍콩 레스토랑의 폐점 소식이 뜰 때마다 못내 쓰린 속을 부여잡고 우리는 유례 없는 세계적인 전염병의 확산을 애타는 심정으로 지켜볼 수밖에 없었다. 애써 쓴 원고가 무용지물이 되었다는 사실보단, 이제 다시는 그곳의 맛을 경험해보지 못한다는 아쉬움이 두고두고 남았다. 그렇게 눈물을 삼키고 페이지를 하나둘 지우다 보니 과연 이 책이 출간될 수 있을까에 대한 근원적 위기감이 들었고, 이러다가는 그냥 우리끼리 프린트숍에서 뽑아 스테이플러로 찍어 팔아야 하지 않을까 하는 우스갯소리가 나올 무렵, 드디어 홍콩의 봉쇄가 해제되었다. 그러나 책 분량의 3분의 1에 해당하는 맛집들이 역사 속으로 사라진 상황. 결국 우리는 하늘길이 열리자마자 홍콩 재방문을 감행했고 새롭게 회자되는 홍콩맛집 취재를 다니며 홍콩 미식의 세계를 다시 탐구하기 시작했다.

우리가 신혼여행을 다녀온 2016년도 전후 시절과 코로나19 이후 2023년의 홍콩맛집에는 많은 변화가 존재했다. 과거 홍콩은 서양과 동양의 식문화가 서민들의 대중음식에서 절묘하게 결합된 매력이 있었는데, 현재 홍콩의 서양 음식들은 센트럴을 중심으로 주로 본토의 미슐랭 문화가 직접적으로 이식된 고급 다이닝으로 변모 중이다. 물론 서양의 파인다이닝을 홍콩에서 재해석한 방식으로 맛볼 수 있다는 것은 큰 장점이지만, 햄을 올린 라이스누들火腿米粉 같은 독특한 메뉴를 파는 노포 차찬탱차와 식사를 겸하는 식당이라는 뜻의 홍콩식 레스토랑들이 점점 자취를 감추고 있다는 사실은 무척 아쉬운 지점이다. 또 홍콩과 중국 본토를 잇는 고속철도가 2018년 개통되며 중국 본토 음식점들이 급속도로 늘어났는데 그중 홍콩과 가장 가까운 광저우지역의 음식점이 대거 자리 잡은 것 역시 또 다른 변화의 한 단면이다. 그래서 최근 한국사람도 중국 본토에 가지 않고 중국 4대 음식에 포함되는 광저우 미식을 간접적으로 맛볼 수 있게 되었으며 차와 함께하는 본토의 딤섬문화가 관광객에게 더욱 깊숙하게 파고들었다. 이렇게 서양 음식과 중국 본토 음식이 양극화로 발전하는 가운데, 그래도 코로나19 시국 속에서도 살아남은 저력 있는 차찬탱들은 변함없이 홍콩의 식문화를 빛내고 있다. 책에 소개된 카우키, 침차이키, 란퐁유엔 등의 전통 노포는 홍콩의 중심, 센트럴에서 현지인과 관광객에게 사랑받는 홍콩의 대표맛집으로 여전히 그 존재감을 입증 중이다.

2025년 현재, 코로나19를 먼 과거로 두고 주변에서 홍콩맛집 탐방을 간다는 소식이 심심치 않게 들려온다. 의도치 않게 무려 6~7년의 세월 동안 꾸준히 업데이트해온 책인 만큼, 홍콩과 마카오에서 가장 가치 있는 최고의 레스토랑만 엄선했노라 자부하며 이 책을 권한다. '맛'에 대한 기준은 서로 다를지언정 적어도 당신이 홍콩에 갔다면 꼭 '경험'해야 할 귀한 레스토랑을 압축해서 담았다. 훌륭한 맛과 함께 이 책에 담긴 레스토랑의 흥미로운 이야기를 함께 즐겨준다면 저자로서 더할 나위 없는 영광이다.

페이웬화裵文華 · 황윤정

홍.콩.마.카.오.맛.집 우리는 먹으러 홍콩·마카오 간다

저자의 말
홍콩의 맛, 변화와 전통 사이에서 004

홍콩·마카오 지도 009
책을 읽기 전에 010
구글맵 좌표 이용방법 011

CHAPTER 1
센트럴 성완 사이잉푼

카우키 九記
　양조위보다 그리운 소고기국수 014

침차이키 沾仔記
　새우 가득 완탕에 꼬들한 에그누들 017

란퐁유엔 蘭芳園
　전설의 스타킹 밀크티 020
　알수록 맛있는 정보 | 홍콩 밀크티 024

신흥유엔 勝香園
　얼마 남지 않은 진짜 홍콩 포차 025

상키 콘지 生記粥品專家
　부드럽고 속 편한 광둥식 죽 028

타이청 베이커리 泰昌餅家
　넘버원 홍콩 에그타르트 030
　알수록 맛있는 정보 | 에그타르트 032

굿스프링컴퍼니 春回堂藥行
　더위를 물리치는 쌉싸름한 약차 033

융키 鏞記
　노점부터 시작된 광둥 전통 고급 레스토랑 035
　알수록 맛있는 정보 | 광둥식 훈제고기, 씨우랍 039

콴게이뽀짜이 시우초이 坤記煲仔小菜
　홍콩식 직화 솥밥 뽀짜이판 040

R&R베이글 R&R Bagels
　홍콩의 아침을 여는 신선한 베이글 044

쿵리 公利
　오랜 전통의 사탕수수 전문점 047

둥게이 棟記
　왁자지껄 로컬 실내포차 048

록언꺼이 六安居
　카트에서 고르는 추억의 딤섬 051
　알수록 맛있는 정보 | 홍콩 딤섬의 세계 056

커핑룸 Cupping Room
　소호에서 스페셜티 커피와 브런치 058

핑퐁129 Ping Pong 129
　진토네리아로 변신한 세상 힙한 탁구장 061

리틀빠오 小包包
　트렌디한 분위기의 중국스타일 버거 063

어반베이커리 Urban Bakery
　크루아상의 모든 것 066
　알수록 맛있는 정보 | 홍콩 빵 투어 068

CHAPTER 2
완차이 코즈웨이베이

선킹유엔 新景園
　중국과 인도가 공존하는 돈가스커리 072

시스터와 華姐清湯腩
　몸이 허할 때 뜨끈한 소고기국수 075

캄키카페 金記冰室
　추억의 디저트 홍콩 복고풍 카페 077

조이힝 再興
　광둥식 바비큐의 모든 것 080

오보카페 OVO Cafe
　분위기도 맛도 훌륭한 채식 레스토랑 084

언더브리지스파이시크랩 橋底辣蟹
　마성의 베이풍통 스파이시크랩 087

에그롤퀸 蛋卷皇后
　홍콩의 훌륭한 기념품 090

이슌밀크컴퍼니 義順牛奶公司
　핸드메이드 우유푸딩 092

CHAPTER 3
침사추이 조던

파인푸드 帝苑餅店
　홍콩 최후의 디저트 096

싱람궤이 星林居
　속풀이로 좋은 운남식 쌀국수 103

폴라파예트 Paul Lafayet
　도자기에 담긴 고급진 크렘브륄레 105

제니베이커리 珍妮曲奇
　한번 맛보면 멈출 수 없는 마성의 쿠키 107

오스트레일리아데어리컴퍼니 澳洲牛奶公司
　오늘 조식은 스크램블드에그 109

마카오 레스토랑 澳門茶餐廳
　홍콩 속의 마카오 112

청힝키 祥興記
　육즙 가득 상하이 군만두 115

CHAPTER 4
야우마테이 몽콕 프린스 삼수이포

미도카페 美都餐室
　화려했던 홍콩을 추억하며 120

깜와카페 金華冰廳
　출출할 땐 버터소보루와 밀크티 123

컹우도우분총 公和荳品廠
　홍콩 명물 수제두부 전문점 127

레이디스스트리트식판공씨 女人街食飯公司
　홍콩에서 가장 핫한 복고풍 포장마차 130

원딤섬 一點心
　캐주얼한 분위기에서 즐기는 정통 딤섬 135

선흥위엔:킨키 新香園:堅記
　육전 토스트와 족발국수 138

팀호완 添好運
　호텔 수준의 맛, 가성비 넘치는 딤섬전문점 140

홉익타이 合益泰
　홍콩스타일 떡볶이 144

킹오브코코넛 椰汁大王
　홍콩의 코코넛밀크 146

넉박스커피컴퍼니 Knockbox Coffee Company
　안과의사의 스페셜티 커피 147

조이풀디저트하우스 Joyful Dessert House
　최고급 재료로 섬세하게 빚어낸 디저트 150

딤딤섬 點點心
　트렌디한 분위기에서 즐기는 딤섬 154

CHAPTER 5
기타 지역

팜밀크컴퍼니리미티드 農場鮮奶有限公司
　　우유 한 잔 하러 산꼭대기까지 160

허니문디저트 滿記甜品
　　입안 가득한 망고와 생크림 164

청힝커피숍 祥興咖啡室
　　50년 역사의 전통 있는 차찬텡 168

던키 端記茶樓
　　'진짜' 딤섬을 찾아서 171

산케이카페 新記冰室
　　돼지목살 치즈라면 176

덕싱호 德成號
　　홍콩 최고의 에그롤 178

유겅텡자이판 漁港艇仔粉
　　홍콩 옛 선상민의 식사, 보트누들 180

마미까이단자이 媽咪雞蛋仔
　　볼록볼록 홍콩식 달걀 와플 182

CHAPTER 7
타이파 섬

레몬첼로 檸檬車露
　　수제 레몬 젤라또 216

목이케이 莫義記
　　극강의 호불호! 두리안 아이스크림 218

셍청레스토랑 誠昌飯店
　　쿤하거리의 터줏대감 중식당 220

오카스티수 O Castiço
　　편안한 분위기의 가정식 매캐니즈 222

산모우이 新武二
　　마카오 굴국수 225

로드 스토즈 베이커리 安德魯餅店
　　마카오 에그타르트가 탄생한 곳 228

세이키카페 世記咖啡
　　마카오식 갈비버거 229

CHAPTER 6
마카오반도

남핑카페 南屏雅敍
　　마카오 레트로풍 차찬텡 186

웡치케이 黃枝記
　　마카오 대표 중식 레스토랑 188

아로차 船屋葡國餐廳
　　현지인 매캐니즈 맛집 191

라이케이 禮記
　　옛날 아이스크림의 맛과 멋 그대로 196

홍헝코코넛 洪馨椰子
　　100% 수제 코코넛아이스크림 198

밀리터리마카오 澳門陸軍俱樂部
　　마카오의 마지막 저녁만찬 199

알수록 맛있는 정보 | 매캐니즈 음식 202

룬키청판 倫記軟滑腸粉
　　포대기로 도톰하게 빚은 청판 203

알수록 맛있는 정보 | 청판 207

마가렛카페이나타 瑪嘉烈蛋撻店
　　마카오 에그타르트의 양대산맥 208

싱글오리진커피 Single Origin Coffee
　　라떼 맛이 일품 210

찬콩케이 陳光記飯店
　　후추 알갱이가 톡톡! 독특한 씨우랍 212

Hongkong Map

Macau Map

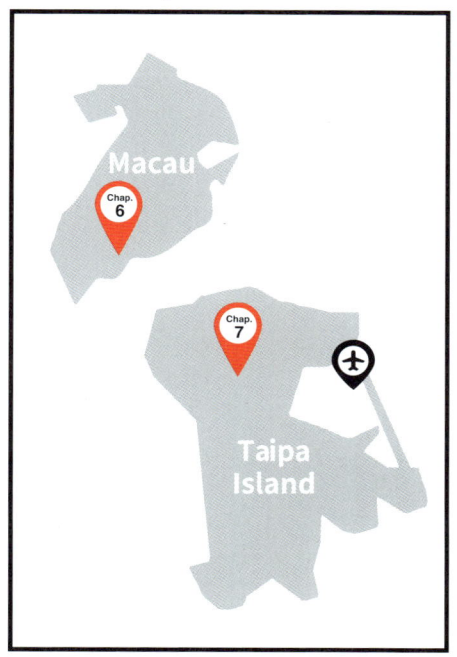

책을 읽기 전에

1 식당 정보는 2025년 6월 1일 현재 정보다. 우리나라와 달리 홍콩은 식당이 크게 유명해지거나 손님이 많아져도 건물을 새로 세우거나 넓은 곳으로 이전하는 경우가 많지 않다. 그러나 혹 변동되었을 수도 있으니 사전에 검색 정도는 해보는 것이 좋겠다.

2 식당 이름과 음식 이름 등은 현지 발음, 한자, 영어 발음을 동시에 표기했다. 홍콩을 포함한 중국 남부지역에서 가장 대중적으로 사용하는 광둥어로 읽었을 때 나는 발음을 우선으로 작성했지만 마카오의 매캐니즈 요리 전문점의 경우 포르투갈어로 읽었을 때 나는 발음을 적었다.

EX) 燒鴨은 본래 중국 표준어 발음으로 '싸오야'로 읽으나 광둥어인 '씨우압'으로 표기하였다.

3 〈구글맵Google Maps〉으로 현지 활용도를 높였다. 식당 소개 인포메이션 박스에 해당 식당을 찾아가는 방법을 돕고자 구글맵 좌표를 표기하였다. 이용방법은 오른쪽 페이지 〈구글맵 좌표 이용방법〉을 참고하면 된다. 더불어 대중교통을 이용해 어떤 역에서 몇 분 거리인지 대략적으로 표기해놓았으니 참고해 일정을 짜면 좋다.

구글맵 좌표 이용방법

오늘날의 여행자는 구글에서 제공하는 지도, 구글맵을 많이 이용한다. 그러나 홍콩 식당명은 대부분 한자이기에 이름을 직접 입력해서 찾기가 힘들다. 독자들이 원하는 식당을 빠르고 확실하게 찾도록 본문에 수록된 모든 식당에 구글맵에서 사용하는 좌표 주소를 수록했다.

구글맵 주소 https://map.google.com

*본 이용방법은 2024년 8월 기준이다.

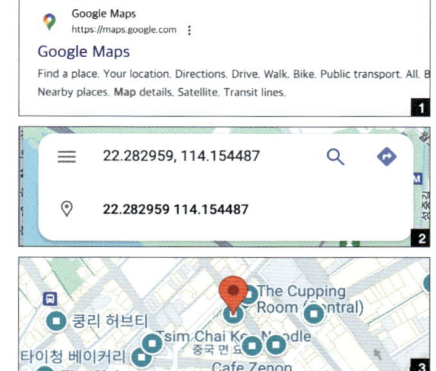

1 컴퓨터나 모바일로 구글맵에 접속한다. 구글맵 어플을 다운받으면 더 편리하게 이용할 수 있다.

2 구글지도 검색에 본문에 수록된 좌표를 입력한다. 쉼표와 마침표를 유의해서 입력하자.

3 지도에 해당 좌표가 나온다. 저장버튼을 누르면 이 식당의 지도가 저장된다.

CHAPTER 1

센트럴
성완
사이잉푼

양조위보다 그리운 소고기국수

카우키
九記
Kau Kee

INFO
ADD 中環歌賦街21號
TIME 12:30-22:30
일요일 및 공휴일 휴무
HOW TO GO
MTR 셩완上環 A2 출구
도보 5분
Google Map
22.284226, 114.152497

상통나오난민

홍콩 하면 홍콩의 영화배우가 먼저 떠오르기 마련이다. 양조위, 장국영, 주윤발…. 한 시대를 풍미했던 홍콩 영화배우들은 아직까지도 한국인에게 홍콩을 대표하는 캐릭터로 기억된다. 그래서 적어도 한국 관광객에게는 분명 이런 홍콩 배우 '버프'가 존재한다. 맛이 그리 특징적이지 않더라도 홍콩 배우 누가 다녀갔다더라라는 소문이 퍼지면 금세 홍콩맛집으로 등극한다.

지금 소개하는 고기국수집 카우키 역시 우수에 젖은 눈빛이 인상적인 배우, 양조위의 단골집이다. 개인적으로 〈화양연화〉, 〈해피투게더〉, 〈무간도〉 등을 인상 깊게 봤기 때문에 카우키는 꼭 가보고 싶은 레스토랑이었다.

누구나 그렇겠지만, 연예인의 단골 레스토랑에 가는 목적은 딱히 맛 때문이 아니라 혹여나 그 연예인을 마주치지 않을까 하는 일말의 설렘 때문이리라. 나 역시 마찬가지 마음을 품고 그 사람 많은 카우키에서 곁눈질로 살살이 양조위를 찾아봤지만 안타깝게도

양지살 덩어리가 두툼하게 들어간 샹통냐오난민

머리카락조차 닮은 사람이 없었다. 그러나 한 가지 수확은, 연예인 단골 레스토랑이라 내용물이 부실하다는 편견을 타파할 수 있었다는 것이다. 오히려 막판에는 국물 한 방울까지 정신없이 들이켜느라 양조위의 '양자조차 생각나지 않았다.

그렇다면 양조위를 잊게 만드는 카우키의 매력은 대체 무엇일까? 일단 카우키의 시그니처 메뉴는 소고기국수인 샹통냐오난민上湯牛腩麵이다. 이 국수를 받아들면 누구나 '우와' 하고 감탄을 내지른다. 일단 한국의 고기국수에서 보는 얇은 편육이나 다짐육이 아니라 면이 보이지 않을 정도의 양지살 덩어리가 눈에 들어온다. 아낌없이 올라와 있는 두툼한 양지살에 먹지 않아도 마음이 흡족해진다. 고기국수의 맛 역시 배신하지 않는다. 웬만한 설렁탕이나 갈비탕보다 진한 고기국물의 풍미가 일품이다. 이 집은 매일 소 양지살과 각종 한약재 등 15가지 재료를 솥에 넣고 8시간 푹 끓여 국물을 낸다고 한다. 양지살 역시 부드러우면서도 국물즙을 머금고 있어 씹을수록 고소하다. 면발은 다양하게 선택할 수 있는데 쌀국수 면발같이 넓적하면서도 보들보들한 게 고기와 잘 어울린다.

뭐니뭐니해도 이 집의 하이라이트는 커리냐오깐난이민咖喱牛筋腩伊麵이다. 우리가 소고기국수의 혁명이라 불렀을 정도로 홍콩에서만 맛볼 수 있는 이색적인 메뉴다. 일단 일반 소고기국수가 비계 부분이 많은 양지살을 얹어주는데 여기서는 살코기 부분을 듬뿍 얹어준다. 샹통냐오난민이 부담 없이 후루룩 넘어간다면 커리냐오깐난이민은 더 묵직해 먹는 데 난이도가 있는 셈이다. 게다가 커리야말로 하이라이트 중의 하이라이트

커리냐오깐난이민

다. 한국의 커리와는 다르게 살짝 매콤하면서도 향신료가 강해서 무척이나 이국적이다. 아마 과거 홍콩이 인도와 인연이 깊었기 때문에 인도 커리의 맛이 카우키에서 이어지는 게 아닌가 싶다. 그러나 아이러니하게도 인도에서는 소고기를 먹지 않으니 이 메뉴는 오로지 홍콩에서만 맛볼 수 있는 음식인 셈이다.

참고로 카우키는 대표적인 소호지역 맛집으로 식사시간대를 피해도 늘 관광객으로 북적여 긴 웨이팅을 감내해야 한다. 그러나 소호에 왔으면 한 번은 맛볼 법한 '고기깡패' 국수이기 때문에 기다린 시간이 아깝지 않다. 특히 커리소고기국수는 그 진득한 향신료 맛에 처음에는 낯설었지만 정작 한국에 와서는 가장 그리워한 음식이다. 진정 양조위보다 더 보고 싶다.

새우와 돼지고기 윈툰과 에그누들

새우 가득 완탕에
꼬돌한 에그누들

침차이키
沾仔記
Tsim Chai Kee

INFO

ADD 中環威靈頓街98號
TIME 11:00–22:00
HOW TO GO
MTR 센트럴中環 D2 출구
도보 7분
Google Map
22.282959, 114.154487

한국사람에게 훈툰餛飩은 익숙한 음식이 아니다. 보통 한국에서는 '완당'이라 부르는데, 지역마다 생김새와 조리법의 차이가 크지만 네모난 피에 고기를 조금만 찍어 묻힌 다음 종이 접듯이 말아 만든다. 형상은 물만두와 비슷하지만 물만두보다는 훨씬 안에 소가 적게 들어가고 일반적으로 탕에 넣어서 먹으며, 중국 전역에서 훈툰은 가벼운 한끼 식사로 널리 사랑받는다.

훈툰은 중국 남부에서 윈툰雲吞으로 불리는데, 홍콩에 퍼지기 시작한 역사는 그리 오래되지 않았다. 2차 세계대전 이후 수많은 피난민이 홍콩으로 오면서 짧은 시간 인구가 급속도로 늘어났고 이들은 저렴하면서 배부르기 쉬운 음식을 찾았다. 이때 밀가루 피가 넓고 고기소가 적은 윈툰은 최적의 대안이었다. 이후 윈툰은 홍콩 현지인이 즐겨먹는 식사로 자리 잡기 시작한다.

침차이키는 윈툰 전문점으로 홍콩에서 가장 인정받는다. 보통 중국 남부지역인 광저우廣州 해안가에서는 소에 새우를 함께 넣고 해산물로 육수를 내는데 이곳 역시 이 전통을 따른다. 두 종류의 윈툰이 있는데 새우와 돼지고기 윈툰과 잉어로 만든 피시볼인 랭위카우鯪魚球이다. 이중 하나만 선택하거나 두 개를 섞을 수 있는데 보통 새우돼지고기 윈툰을 기본으로 시킨다. 국수는 꼬들꼬들한 에그누들, 넓고 부드러운 흰 쌀국수, 가는 쌀국수를 선택할 수 있는데 홍콩식 윈툰은 에그누들과의 조화가 가장 좋다. 보통 윈툰은 소를 적게 바르고 얇게 피로 감싼 형태인데 이곳은 특이하게도 소가 통통한 물만두처럼 가득 들어 있다. 특히 새우돼지고기 윈툰은 커다랗고 통통한 새우가 통째로 씹혀 새우를 좋아하는 사람이라면 열광할 만한 메뉴다. 윈툰은 간이 이미 되어 있어 다소 짭짤한데 그럴 때 담백한 에그누들을 먹으면 쿵짝이 잘 맞는다. 아직 덜 익은 것 같은 꼬들꼬들한 식감의 에그누들을 씹다 보면 다시 금방 짭짤한 윈툰이 그리워진다.

사실 이 윈툰을 제대로 먹는 법은 따로 있다. 관광객은 별 생각 없이 윈툰과 에그누들만 열심히 먹는데, 현지인이 먹는 방법을 유심히 살펴보면 뭔가가 다르다. 식탁 위 매콤한 고추기름소스 라야우辣油를 숟가락에 가득 부은 다음 면과 윈툰을 여기에 살짝 찍어 후루룩 먹는다. 실제 이렇게 먹어보니 다소 느끼할 수 있는 윈툰과 국수가 한결 깔끔하고 개운해졌다. 생각보다 소스가 많이 맵지 않으니 일단 살짝 먹어보고 판단해도 좋겠다. 주의! 절대 라야우를 한국의 다대기처럼 국물에 풀지 말 것. 섣불리 풀어버리면 국물에 기름이 둥둥 떠다녀 식욕을 오히려 반감시키는 참사를 맞이할 것이다.

소고기탕면 신냐오육민鮮牛肉麵 역시 이 집의 또 다른 메인 메뉴다. 윈툰만 한 인기는 없지만 이 메뉴를 시켜먹는 현지인도 보인다. 소고기탕은 사실 소고기의 기름진 맛이 거의 나지 않는다. 약간 콩고기 같은 담백한 맛이 강한데 소고기가 꽤 보들보들하여 에그누들과 함께 먹기 좋다. 솔직히 윈툰과 비교했을 때 신냐오육민은 그리 인상적이지 않다.

침차이키의 장점은 높은 가성비다. 홍콩의 물가를 감안한다면 꽤 합리적인 가격으로 주머니가 가벼운 여행객이 배불리 먹기 좋다. 윈툰이 홍콩의 국민음식으로 자리 잡은 이유를 함께 절감하며 침차이키에서 윈툰을 먹어보자.

신냐오육민

고추기름소스, 라아우에 찍어먹는 에그누들

전설의 스타킹 밀크티

란퐁유엔
蘭芳園
Lan Fong Yuen

INFO

ADD 中環結志街2號
TIME 07:30–18:00
일요일 휴무
HOW TO GO
MTR 센트럴中環 D2 출구
도보 8분
Google Map
22.282731, 114.153730

란퐁유엔은 홍콩의 중심지 센트럴에서도 역사가 유구한 차찬텡茶餐廳차와 식사를 겸하는 식당이라는 뜻의 홍콩식 레스토랑이다. 유명 레스토랑답게 여러 연예인의 사인과 사진을 목격할 수 있는데 우리에게도 익숙한 주윤발의 사진 역시 보인다. 규모가 협소한데다 항상 관광객과 현지인으로 북적여 늘 긴 줄이 늘어서 있다. 더군다나 생각보다 이 집에서 시킬 수 있는 메뉴가 단출해 다소 실망할 수 있다.

일단 이 집에서 자리에 무사히 앉으면 시그니처 메뉴인 밀크티 시마나이차絲襪奶茶부터 시켜보자. 란퐁유엔은 홍콩 최초로 밀크티를 실크스타킹에 내려 판매한 곳으로 알려져 있다. 보통 밀크티를 스타킹에 내려 마신다고 하면 흔히 발에 신는 스타킹을 생각하기 마련인데, 이는 특수 제작한 조직이 조밀한 흰 나이론 천으로 결코 시중에서 파는 스타킹이 아니다. 이 천 안에 찻잎을 넣어 감싼 다음 뜨겁게 데운 큰 물통에 넣고 작대기로 휘젓는다. 차가 잘 우려졌으면 연유를 부어 밀크티를 완성한다. 대부분의 홍콩 차찬텡에서 이용하는 금속테의 나이론망 기구보다 차를 더욱 조밀하고 풍부하게 우려낼 수 있다. 그래서인지 이곳의 밀크티는 다른 곳보다 더 부드럽고 실키하다. 아이스 밀크티는 설탕이 들어가 달달하기 때문에 밀크티 본연의 맛을 느끼고 싶으면 따뜻한 밀크티를 마시라고 추천한다.

란퐁유엔은 프렌치토스트도 대표 메뉴로 꼽는다. 이곳의 프렌치토스트 쥔퉁카양싸이도씨傳統咖央西多士는 다른 곳보다 더 달콤함을 자랑한다. 식빵 두 장을 겹쳐 카야잼을 바른 다음 달걀물을 묻혀 튀기는데 그

따뜻한 시마나이차

차가운 시마나이차

쥔퉁카야싸이도씨

위에 두툼한 버터가 얹혀 나온다. 이것만으로도 충분히 달콤하고 기름진데 하이라이트는 여기에 시럽을 잔뜩 발라먹는 것이다. 버터와 시럽, 카야잼이 범벅된 프렌치토스트를 한입 베어물면 달걀의 촉촉함, 카야잼과 시럽의 달콤함이 함께 느껴지는 게 정말 황홀하다. 한마디로 몸에 대한 죄책감에 시달리면서도 쉽게 끊을 수 없는 마성의 맛이다. 여기에 쌉쓸하면서도 부드러운 밀크티까지 곁들이면 넘치게 달콤한 홍콩식 아침식사로 손색이 없다.

하지만 현지인이 먹는 메뉴는 따로 있다. 관광객은 여기서 밀크티와 프렌치토스트를 시키지만 홍콩인은 간단한 비빔면을 시켜서 후루룩 먹고 나간다. 파기름 비빔면인 충야오까이바러우댕蔥油雞扒撈丁으로 면의 정체는 바로 인스턴트 라면이다. 이곳에서 직접 면을 뽑는 것이 아니라 간단하게 시중의 라면사리를 삶아 물기를 빼고 파, 치킨, 양배추와 함께 접시에 낸다. 겉보기에는 간단하고 조촐하지만 비법은 바로 '파'다. 사실 파를 빼면 치킨, 양배추, 라면사리의 조합은 매우 보잘것없다. 식용유에 간장과 더불어 약불에서 은은하게 졸여 만든 농축 파기름을 조금 넣어 라면사리와 비비면 부드럽게 섞이면서 라면 전체에 파의 향미가 은은하게 배어난다. 언뜻 심심한 듯싶으면서도 그윽한 파의 향과 짭짤하게 구워진 치킨의 밸런스 덕에 재미나게 먹을 수 있다. 조금 더 자극적으로 맵게 먹고 싶으면 매운 고추기름 소스를 첨가하면 된다.

사실 한여름에 끝없는 란퐁유엔의 줄 끝에 서서 기다리다 보면 프렌치토스트 하나 먹겠다고 이

렇게까지 해야 하나 싶어진 다. 그러나 의외로 한국에 돌아왔을 때 가장 그리운 레스토랑 중 하나가 란퐁 유엔이다. 원래 단순한 메뉴일수록 잘하는 집을 찾기 어려운 법이다. 프렌치토스트와 밀크티는 어디서든 먹을 수 있는 간단한 음식이지만 란퐁유엔처럼 경지에 올라와 있는 곳은 찾기 어렵다. 그래서 아직까지 이렇게 오래도록 유명세를 타며 승승장구하는 게 아닌가 싶다.

충야오까이바러우댕

홍콩 밀크티

홍콩에서 밀크티의 인기는 상상 이상이다. 통계에 따르면 홍콩인은 매년 수억 잔의 밀크티를 마신다고 하며 최고의 밀크티를 만들기 위한 업체 간의 경쟁도 치열하다. 마치 한국사람이 식후에 꼭 아메리카노 한 잔을 마시는 것처럼, 홍콩사람에게 있어 밀크티 역시 생활에서 떼려야 뗄 수 없는 중요한 소울 푸드이다. 이렇게 홍콩에서 밀크티가 유행하게 된 데는 분명 영국의 식민지였던 영향도 존재한다. 영국은 티문화가 발달하여 이 티문화를 홍콩에 가져왔는데 이때 홍콩식으로 변형되며 밀크티가 널리 퍼졌다.

홍콩식 밀크티는 스리랑카산 실론 홍차를 사용하기 때문에 무겁고 쓴 차맛에 식감은 부드럽고 향이 그윽한 게 특징이다. 영국이 차에 레몬과 설탕을 넣었다면 홍콩은 무가당 연유를 넣어 더 부드럽게 만들었는데 가장 대중적으로 알려진 비율은 무가당 연유 3 : 홍차 7이다. 홍콩에서 가장 유명한 무가당 연유 브랜드는 블랙앤화이트Black&White인데 홍콩 여행을 하다 보면 오래된 차찬텡에서 이 브랜드의 머그잔에 밀크티를 담아주는 것을 종종 목격할 수 있다. 또 마치 스타킹같이 고운 조직의 필터를 써서 찻물을 우려내기 때문에 훨씬 더 부드럽고 순하다.

홍콩에는 밀크티를 응용한 음료 중 잉꼬를 뜻하는 '원용鴛鴦'이 있는데 이는 홍콩식 밀크티와 블랙커피 가루를 섞어 만든다. 가장 대중적인 비율은 밀크티 7 : 커피 3인데 밀크티의 풍미와 블랙커피의 씁쓸함이 어우러진 오묘한 맛이다.

얼마 남지 않은 진짜 홍콩 포차

신흥유엔
勝香園
Sing Heung Yuen

INFO

ADD 中環美輪街2號
TIME 08:00~15:30
일요일 및 공휴일 휴무
HOW TO GO
MTR 성완上環 A2 출구
도보 5분
Google Map
22.284136, 114.152595

홍콩 가이드북을 보면 센트럴지역을 소개할 때 꼭 나오는 맛집이 있다. 바로 신흥유엔으로 한국사람뿐 아니라 중국, 동남아, 일본사람에게도 많이 알려져 있어 언제 가더라도 관광객으로 늘 북적인다. 그런데 큰 기대를 안고 이 집을 찾아가면 외관을 보는 순간 적지 않이 실망한다. 우리나라의 포장마차처럼 노천에 자리를 깔아놓고 영업을 하기 때문이다. 이런 홍콩식 포장마차를 현지어로 다이파이동大牌檔이라 하는데 이곳은 홍콩에 얼마 남지 않은 다이파이동이다.

시스템도 특이한데 한 줄로 서서 차례가 되면 직원의 안내를 받는 것이 아닌 다 먹어가는 사람 앞에서 기다리다가 그들이 자리에서 일어나면 즉시 그곳을 차지해야 한다. 주인이나 직원의 도움은 일절 없다. 이런 시스템이 낯선 한국사람은 '어어' 하다가 번번이 자리를 못 잡고 당황해한다. 그럴 때는 침착하게 한 테이블 뒤에서 진득하게 기다리는 것도 방법이다. 어차피 음식의 속성이나 점포 분위기가 오래 눌러앉아 먹는 스타일이 아니라서 자리 회전율은 빠르기 때문이다.

무사히 자리를 잡았으면 이제 눈치껏 빠르게 주문을 해야 한다. 이 집에서 거의 모든 사람이 시켜먹는 메뉴가 있으니 바로 토마토국수와 크리스피번이다. 토마토국수는 홍콩의 로컬식당에서 쉽게 접할 수 있는 가벼운 식사인데, 통조림 토마토를 베이스로 만든 국물에 마카로니나 라면사리, 쌀국수 중 면을 선택해 넣어 먹는다. 토핑도 베이컨, 달걀, 햄, 소시지 등 수많은 종류 중에서 고를 수 있다.

처음 방문하면 가장 보편적인 구성인 토마토에 소시지와 달걀이 든 판케이취앙단蕃茄腸蛋에 면은 마카로니인 통판通粉의 조합을 추천한다. 마카로니는 식감이 흐물해 씹기 편하고 마카로니 구멍 안에 국물이 들어가 다른 면 종류보다 훨씬 토마토 맛이 잘 배어있다. 짭짤한 소시지와 달걀 덕에 풍부한 맛의 토마토국수를 즐기게 된다.

사실 토마토국수의 비주얼은 그리 훌륭하지 않다. 토마토를 묽은 국으로 만들고 마카로니를 국거리처럼 떠먹는 비주얼은 퍽 낯설고 난감하다. 그러나 먹다 보면 어딘가 익숙하고 친근한 맛이라 계속 떠먹게 되는 마력이 있다. 언뜻 묽은 토마토파스타 같은데 특유의 새콤하고 달달한 맛이 매력적이다. 가볍게 홀홀 떠먹기에 딱 좋다.

판케이취앙단

그러나 이 집이 원조라는 시그니처 메뉴는 레몬 크리스피번인 넹멍췌이췌이檸檬脆脆이다. 홍콩과 마카오에서 기본 빵으로 즐겨먹는 짧은 바게트 모양의 쮜빠빠오豬扒包에 버터를 가득 발라 토스터로 굽고 위에 레몬과 시럽을 바른 것인데, 보는 것만으로도 살찌는 느낌이지만 역시나 정답인 맛이다. 시럽의 달달함과 레몬의 상큼함이 너무나 환상적으로 잘 어우러진다.

넹멍췌이췌이

레몬은 음료에도 활용된다. 한레착咸檸七은 소금에 절인 레몬을 탄산음료인 세븐업요즘은 스프라이트를 많이 사용한다에 넣은 음료다. 세븐업의 톡 쏘는 청량감과 레몬의 상큼함, 소금의 짠맛이 예상외로 밸런스가 좋다. 어디서도 맛보지 못한 단맛+짠맛+신맛의 오묘한 조화랄까. 생각보다 레시피가 간단하면서도 이국적인 맛을 느낄 수 있어 집에서도 도전해보고 싶게끔 만든다.

포장마차 느낌에 비해 맛 하나하나가 새롭고 수준 높은 신흥유엔, 하나 아쉬운 게 있다면 맛의 여운을 느낄 새도 없이 그릇을 비우면 바로 일어나야 한다는 사실이다. 더 맛을 음미하며 먹고 싶어도 내 자리 뒤에 달라붙은 사람들의 따가운 눈초리를 감당해야 하기 때문에 어쩔 수 없이 허겁지겁 먹게 된다. 이곳에 방문하는 당신만큼은 부디 착석은 누구보다 빠르게, 식사는 누구보다 여유 있게 하기를 바란다.

한레착

부드럽고 속 편한 광둥식 죽

샹키 콘지
生記粥品專家
Sang Kee Congee

INFO

ADD 上環畢街7號
TIME 06:30~20:30(월-토)
일요일 및 공휴일 휴무
HOW TO GO
MTR 성완上環 A2 출구
도보 3분
Google Map
22.285258, 114.151656

잉어전, 진위뺑

우리는 죽 하면 아픈 사람이 먹는 음식이라는 인식이 강하나 중국에서는 든든하게 한끼를 책임지는 식사다. 중국사람에게 아침식사로 사랑받는 음식으로 지역마다 죽의 재료나 형태가 매우 다양하다. 그 가운데서도 광둥식 죽이 유명한데 '콘지粥'라고 불리며 쌀이 완전히 풀어져 쌀알이 전혀 느껴지지 않을 정도로 푹 고아서 먹는다. 향미를 강하게 하기 위해 물 대신 뼛국물을 넣기도 하며 진피귤껍질나 씨를 발라낸 은행 등 한약재를 넣는 경우도 많다.

지금 이 레스토랑에서 소개하는 광둥식 죽은 홍콩에서 많이 먹는 쌍관쪽生滾粥이다. 홍콩에서 먹는 죽의 대부분이 여기에 해당한다. 쌍관쪽은 죽 안에 생고기나 해산물, 돼지의 특수부위 등을 넣어 먹는다. 해산물은 주로 잉엇과에 속하는 민물생선인 초어나 민물게다. 원래는 해산물의 식감이 사라지지 않을 만큼 살짝 익혀야 하지만 최근에는 식중독 등 위생 문제가 제기되며 푹 익혀 먹는 편이라 아쉽게도 원조 쌍관쪽을 먹을 기회가 별로 없다.

개인의 입맛에 따라, 간장에 생강채나 파채 등을 곁들이는데 돼지나 생선의 비린내를 생강채가 잡아주기 때문에 꼭 같이 넣어서 먹자. 이 레스토랑의 쌍관쪽은 기본적으로 조개 관자살, 돼지고기 살코기, 돼지뼈로 우린 밑국물로 만들어 맛이 더 깊고 구수하다. 죽은 미니 사이즈와 일반 사이즈로 나뉘는데 일반 사이즈는 정말 양이 어마어마하다. 미니 사이즈 역시 한 사람이 충분히 먹을 수 있는 양이기 때문에 욕심 부리지 말고 미니 사이즈로 시키자. 메뉴에서 쟈오짠袖珍 부분이 미니 사이즈다.

죽은 들어가는 건더기 재료에 따라 종류가 달라지는데 대표적으로는 잉어 완자를 넣은 쟁냉위카우쭉正鯪魚球粥과 돼지 특수부위들이 들어간 캅다이쭉及第粥이 유명하다. 잉어 완자의 첫 느낌은 마치 오뎅볼 같다. 탱탱하면서 쫄깃한 게 식감이 좋은데 먹다 보면 살짝 생선의 비릿함이 느껴질 수 있다. 이때도 간장과 생강채가 요긴하다. 살짝 올려 먹으면 비릿함이 사라진다.

캅다이쭉은 다소 호불호가 갈린다. 돼지의 허파, 간, 염통이 들어가는데 흔히 우리나라 순댓국 재료들이라고 보면 된다. 돼지 부속물을 좋아하는 사람에게는 정말 환상적인 메뉴이지만 돼지 냄새를 못 참는 사람이라면 추천하지 않는다.

죽 외에 잉어전인 진위뱽煎魚餅도 많이 시킨다. 우리나라에서는 보통 대구살을 전으로 부쳐 제사상에 올리는데 이곳은 잉어살을 다져 만든다. 맛은 감자전과 대구전의 중간 느낌이다. 마치 어묵을 짓이겨 만든 것처럼 쫄깃한 맛이 인상적인데 다소 생선 냄새가 강하다.

참고로 이 레스토랑은 50년이 넘은 노포다. 그래서 관광객보다는 단골손님의 비율이 높아 홍콩 현지 로컬 레스토랑의 분위기를 느낄 수 있다. 진짜 홍콩인이 먹는 생선으로 만든 콘지가 어떨지 궁금한 사람에게는 제격인 곳이라고 할 수 있다.

쟁냉위카우쭉

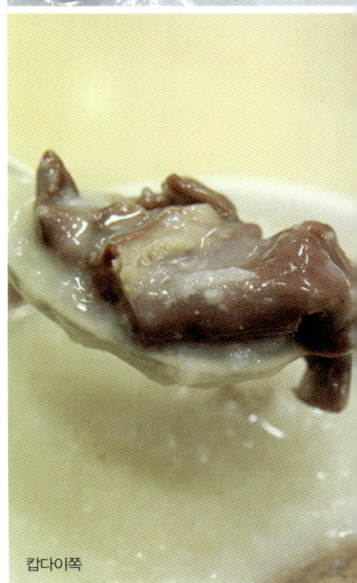

캅다이쭉

넘버원 홍콩 에그타르트

타이청 베이커리
泰昌餠家
Tai Cheong Bakery

INFO
ADD 中環攞花街35號
TIME 09:30-19:30
HOW TO GO
MTR 센트럴中環 D2 출구
도보 8분
Google Map
22.282575, 114.153606

홍콩에 왔으면 꼭 명물인 에그타르트를 먹어봐야 한다. 그런데 주의할 점은, 에그타르트에도 두 종류가 있다는 사실이다. 홍콩식 에그타르트와 마카오식 에그타르트가 그것이다. 홍콩식 에그타르트는 마치 그릇처럼 생긴 단단한 쿠키 안에 부드러운 달걀 필링이 꽉 채워져 있는 게 특징이다. 마치 푸딩과 쿠키를 함께 먹는 듯한 느낌이다. 실제 과거 홍콩에서는 에그타르트를 '쿠키타르트'라고도 불렀다. 반면 마카오식은 우리가 흔히 한국에서 먹던 에그타르트의 전형으로 쿠키보다는 빵에 가까운 느낌이다. 마카오 에그타르트는 과자 부분이 바삭한 페이스트리에 가까우며 필링 역시 한 번 설탕물을 바르고 구워 훨씬 바삭하고 달콤하다.

마카오식 에그타르트가 포르투갈에서 들어왔다면 홍콩식은 그 기원을 영국에서 찾는다. 중세 영국인은 이미 유제품과 설탕, 달걀 등을 사용하여 현재의 에그타르트와 유사한 형태의 '커스터드타르트'를 만들어 즐겨먹었다고 한다. 그리고 1920년대 중국 광저우의 한 백화점에서 '금주의 미식 코너'에 이 영국식 타르트가 등장하면서 큰 인기를 끌었고 홍콩으로 전파되며 본격적인 홍콩식 에그타르트가 시작되었다.

사실 훨씬 달달하고 촉촉한 마카오식 에그타르트가 한국사람의 입맛에 맞을 수 있으나 마카오식은 마카오에서 즐기고, 홍콩에 왔으면 홍콩식 에그타르트를 먹어보는 것은 어떨까.

홍콩식 에그타르트의 정수를 선보이는 곳이 바로 타이청 베이커리다. 1954년에 탄생한, 반백년이 넘은 유서 깊은 에그타르트 가게로 영국 식민 시기의 마지막 총독이었던 패튼 경이 영국으로 돌아가서도 이곳의 에그타르트를 잊지 못해 국제특송으로 주문해 먹었다는 이야기가 유명하다. 홍콩 현지에서는 이곳의 에그타르트를 '패튼 에그타르트'라고 부르기도 한다. 심지어 패튼 경은 타이청 베이커리가 건물을 옮겨 새로 오픈했을 때 오픈행사의 주빈으로까지 참석하여 타이청 베이커리에 대한 애정을 적극적으로 드러내었다.

유명세만큼이나 맛 역시 훌륭하다. 바삭하면서 담백한 쿠키에 푸딩같이 보들보들한 필링이 가득 채워져 있어 하나만 먹어도 만족감이 크다. 적당히 달달하면서 달걀맛의 고소함이 강해 에그타르트 특유의 느끼함이 전혀 없이 담백하고 깔끔하다. 전반적으로 파이지나 필링이나 모든 게 적당하고 완벽해 홍콩식 에그타르트의 기준이 되는 곳이라 단언할 수 있다.

현재 홍콩에만 여섯 곳의 분점을 두고 있고 어디나 맛이 유사하므로 길을 가다 타이청 베이커리가 보이면 꼭 들러보자. 홍콩과 마카오의 에그타르트를 비교해보는 것도 홍콩 미식여행의 쏠쏠한 재미다.

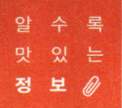

에그타르트

홍콩 에그타르트

홍콩 차첸텡에서 흔하게 볼 수 있는 홍콩식 에그타르트는 홍콩인의 대표적인 소울 푸드다. 심지어 홍콩식 밀크티, 뽀로야우(버터소보루)와 함께 홍콩식 에그타르트를 '홍콩의 3대 보물地道三寶'이라고 부른다.

1940년대부터 중국인이 광저우에서 홍콩으로 대거 이주했고 그때 타르트가 본격적으로 홍콩에 전파되기 시작하며 홍콩의 특색 디저트로 자리 잡았다. 사실 에그타르트는 원래 페이스트리빵 같은 바삭바삭한 파이지를 사용하는 게 맞다. 그러려면 버터가 많이 들어가야 하는데 당시 버터 가격이 매우 비싸 제빵사는 버터 대신 돼지기름을 사용했다. 그리고 시중에서 가장 저렴하고 간편하게 구할 수 있는 달걀물을 넣어 지금과 같은 형태의 홍콩식 에그타르트를 탄생시켰다. 과거 전쟁 후 어려웠던 시절에는 오후 시간에 허기를 달래는 용도로 에그타르트를 먹었기에 크기가 지금의 두 배 이상이었다고 한다. 홍콩 에그타르트는 단다蛋挞라고 한다.

마카오 에그타르트

마카오 역시 1980년대까지 홍콩의 영향을 받아 쿠키스타일의 에그타르트가 주류였다. 그러나 1989년 마카오에 스토즈 베이커리를 창업한 영국인 앤드루 스토가 포르투갈을 방문한 후 현지의 에그타르트가 맛있어서 마카오에 이를 들여왔다. 파이지가 페이스트리에 가깝고 표면에 캐러멜을 입혀 약간 탄 듯하면서 달달한 이 에그타르트는 '포르투갈식 에그타르트'라는 이름으로 마카오 전역에서 인기를 끌었다. 특히 스토즈 베이커리의 에그타르트는 커스터드크림에 옥수수가루를 섞어 필링을 보다 부드럽게 만든 것이 특징이다. 마카오 에그타르트는 퍼타葡撻라고 한다.

더위를 물리치는 쌉싸름한 약차

굿스프링컴퍼니
春回堂藥行
Good Spring Company

INFO

ADD 中環閣麟街8號
TIME 09:00–19:30
일요일 휴무
HOW TO GO
MTR 센트럴中環 D2 출구
도보 8분
Google Map
22.283207, 114.154702

한국사람은 몸이 으슬으슬하거나 코가 막히면 편의점이나 약국에서 뜨끈한 쌍화탕을 사 마시며 몸을 덥힌다. 실질적 효과와는 별개로 쌍화탕 한 병을 마시는 것만으로도 충분히 감기를 예방할 수 있으리라 믿는 것이다. 홍콩에도 이와 같은 음료가 있는데 령차 涼茶가 바로 그것이다. 다만 한국의 쌍화탕과 다른 점은, 한국의 쌍화탕이 몸을 따뜻하게 해주는 반면 령차는 몸을 차갑게 만든다는 것이다실제 령차의 '령(涼)'은 '서늘하다'는 뜻이다. 온난하고 습한 홍콩의 기후를 생각해봤을 때 령차를 마시며 열을 내리는 홍콩사람의 습관은 오래된 생활의 지혜라 볼 수 있다.

홍콩의 길거리 곳곳에는 이 령차를 파는 가게가 많다. 외관만 보았을 때는 마치 오래된 한약방 같지만 자세히 살펴보면 사람들이 삼삼오오 모여 종이컵에 담긴 음료를 홀짝홀짝 마시고 있다.

지금 소개하는 굿스프링컴퍼니는 홍콩 내에서도 100년이 넘는 역사를 지니고 있는 유서

한약방과 같은 굿스프링컴퍼니 내부

깊은 령차 전문점이다. 이곳의 창업자는 청나라 말기 광저우의 유명한 한의사였는데 1916년 홍콩으로 이주하며 약방인 굿스프링컴퍼니를 설립하였다. 그는 약방에서 다양한 약재를 섞어 만든 령차를 끓여 사람들에게 내었는데 반응이 좋아 이후 령차 전문점으로 선회하였다. 현재 3대째 운영되고 있으며 매일 3~4종류의 령차를 끓인다. 그중 응후아차五花茶는 금은화, 국화, 괴화, 목면화, 갈화 다섯 가지 꽃의 조합으로 열을 내리고 습기를 제거하여 홍콩사람이 가장 즐겨찾는다. 첫맛은 한약처럼 매우 쓰나 약이라 생각하고 참고 마시다 보면 의외로 끝맛은 달콤하다. 물론 약방에서 만든 차인 만큼 일반적인 음료의 달콤함과는 결이 다르다. 그래도 꽃향을 머금은 건강한 달콤함을 경험해볼 수 있다.

굿스프링컴퍼니는 센트럴 미드레벨 에스컬레이터 근처에 위치해 있고 언제나 사람들이 무리지어 서 있기 때문에 찾기 쉽다. 영어도 가능한 중의사가 있어 상담도 받을 수 있다 하니 평소 몸이 허하거나 더위에 지친 사람이라면 한 번쯤 들러봄직하다.

노점부터 시작된
광동 전통 고급 레스토랑

융키
鏞記
Yung Kee

INFO

ADD 中環威靈頓街32-40號
TIME 11:00~22:30
HOW TO GO
MTR 센트럴中環 D2 출구
도보 5분
Google Map
22.281562, 114.155575

융키는 센트럴지역에서 홍콩과 광동 정통요리를 선보이는 고급 레스토랑이다. 홍콩에서도 살인적인 땅값을 자랑하는 센트럴의 중심부에, 그것도 넓은 4층짜리 건물을 차지하고 있는 것으로 보아 매우 인기 좋은 레스토랑임을 쉽게 유추할 수 있다.

홍콩에서는 보통 소고기국수로 유명한 카우키처럼 '키'로 끝나는 가게명이 많은데 이는 중국 남부에서 '~네, ~집'이라는 뜻을 담고 있다(한국의 김가네 김밥, 유가네 닭갈비처럼 말이다). 융키는 '융鏞의 집'이라는 뜻으로 실제 창업주 이름이 마이융麥鏞이다. 후에 마이융은 패션 쪽으로 업종을 바꾸고 다른 사람이 운영하게 되었지만 여전히 융키라는 이름을 사용하며 그 아이덴티티를 유지한다. 융키는 4층짜리 건물을 사들여 리모델링을 하였고 아시아의 워렌 버핏이라고 하는 리카싱李嘉誠이나 주윤발 등 홍콩 연예인과 부호에게 사랑받는 고급 레스토랑으로 거듭났다.

심지어 1968년 미국의 유명 매체인 〈포춘Fortune〉지는 융키를 세계 15대 레스토랑에 선정하기까지 했으니

쉰경페이단

홍콩에서 융키 레스토랑의 위용은 엄청난 셈이다.

이런 역사와 유명세를 가진 레스토랑인 만큼 맛 역시 고급스럽고 우아하다. 가장 유명한 음식은 역시 광동식 훈제고기 씨우랍燒臘이다. 융키는 애초에 차찬텡과 씨우랍 전문점이 합병하여 만들어졌기에 전통 훈제법을 고수한다. 그중 새끼돼지 요리인 위쥐乳豬는 굽는 과정을 보면 죄책감이 들지만 먹다 보면 끝도 없이 들어가는 마성의 음식이다. 보통의 돼지고기 요리와 달리 위쥐는 껍질이 과자처럼 바삭하고 살코기는 매우 촉촉하다. 쉽게 북경오리의 돼지고기 버전이라 생각하면 되는데 오리 특유의 군내가 전혀 없어 누구나 부담 없이 먹기 좋다. 위쥐를 새콤달콤한 소스에 찍어먹으면 느끼함까지 싹 잡히며 상큼하게 입에서 마무리된다. 거위고기나 일반 돼지고기 씨우랍도 주문할 수 있는데, 나름대로 담백하지만 위쥐가 워낙 강력하다.

쉰경페이단酸薑皮蛋 역시 추천하는 메뉴다. 보통 삭힌 오리알인 피단(페이단)에서는 쿰쿰한 비린내가 나기 마련인데 이곳의 피단은 한국의 반숙 달걀처럼 말캉하고 포슬포슬한 게 특징이다. 피단에서 살짝 쿰쿰한 맛이 나는데 여기에 함께 나오는 알싸한 생강을 얹어 먹으면 궁합이 좋다.

광동식 탕수육인 꾸로우욕咕嚕肉은 목살인 듯 다소 퍽퍽한 돼지고기에 얇게 튀김옷을 입혔다. 소스에는 피망과 파인애플이 들어가는데 고기와 함께 씹히는 파인애플의 식감이 특별하다. 한국식 탕수육보다 새콤하고 단맛이 덜 하다.

굴요리 역시 추천한다. 굴을 잘 못 먹는 사람도 이곳의 굴은 특유의 달짝지근한 소스 때문에 해산물 비린내가 전혀 안 나고 오히려 쫀득하니 고소해 쉽게 먹는다. 통통한 식감의 굴을 구워 마치 돼지고기처럼

광동식 훈제고기 씨우랍

커다란 크기의 굴요리

꾸로우육

쫄깃쫄깃하게 씹힌다. 한국 굴의 두 배나 되는 크기로 하나만 먹어도 충분히 그 본연의 풍미를 느낄 수 있으며 함께 나온 양배추를 곁들여 먹어도 좋다. 다소 부담스러운 가격이지만 한 번쯤은 시켜 나눠 먹어봄직한 메뉴다.

라이완지페이파하禮雲子琵琶蝦는 이 지역에서만 맛볼 수 있는 요리다. 현지인은 밀물과 썰물 사이에서 자라는 이 지역 특산 게의 알을 좋아해 달걀찜이나 두부찜 위에 올려 먹는데, 이곳에서는 이 게알을 반죽에 섞어 새우와 함께 튀긴 것이 특징이다. 현재 이

아삭한 식감의 야채볶음 초이삼

영짜우차우판

게알은 생산량이 크게 줄어 무척 비싼 식재료에 속한다. 여기서 현지인이 즐기는 게알의 향미를 맛보아도 좋겠다. 식사 종류로는 볶음면과 볶음밥을 추천한다. 의외로 볶음밥이 일품이다. 요리를 정말 잘하는 음식점은 한낱 볶음밥에 담기는 내공도 상당한데 이곳의 영짜우차우판揚州炒飯은 모든 밸런스가 완벽하다. 고슬고슬하면서도 쌀알 하나하나에 불맛이 배어 들어간 볶음밥은 식감으로도, 향으로도 완승이다. 간 역시 많이 세지 않고 새우의 시원한 향이 잘 살아 있어 호불호가 갈리지 않아 한 그릇 뚝딱 해치우기에 손색없다.

요리나 분위기나 더할나위없이 고급스럽고 훌륭하여 홍콩의 마지막 날 밤이나 누군가를 홍콩에서 접대해야 할 일이 있으면 단연코 추천하는 집이다.

라이완지페이파하

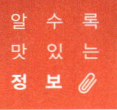

광둥식 훈제고기, 씨우랍

홍콩 거리를 걷다 보면 수많은 식당 유리창 너머로 바비큐 오리나 돼지고기가 걸려 있는 것을 볼 수 있는데 이를 통칭하여 씨우랍이라 한다. 씨우랍은 씨우메이燒味와 랍메이臘味를 합친 말이다. 씨우메이는 광둥지역의 대표적인 바비큐 요리로서 차라우茶樓 등 고급 요릿집의 일품요리뿐 아니라 접시에 밥을 담고 원하는 유형의 씨우메이를 곁들여 든든한 한끼로도 먹을 수 있기 때문에 광둥지역에서도 상당히 대중적으로 인기 있다. 오리로 만든 씨우압燒鴨, 돼지고기로 만든 차씨우叉燒, 새끼돼지를 통으로 구워내는 위쥐乳豬 등 다양한데 그중에서도 거위로 만든 씨우욕燒鵝이 대표적이다. 재료는 달라도 만드는 법은 거의 동일해 오리나 거위, 돼지고기를 깨끗이 씻고 표면에 맥아당 등으로 만든 양념을 여러 번 발라준 다음 원통형 화로에 구워내는 방식이다. 손님에게 서빙할 때는 수육처럼 먹기 좋은 크기로 자르는데 씨우압이나 씨우욕은 뼈째 나오기 때문에 먹을 때 주의해야 한다.

랍메이는 바람에 건조시켜 만든 고기 저장법, 조리법을 의미하는데 소시지처럼 만든 랍청臘腸이 가장 흔하며, 오리(랍압臘鴨), 닭(랍까이臘雞), 돼지고기(랍욕臘肉), 생선(랍위臘魚)으로도 만든다. 어떤 지역에는 개고기(랍가우臘狗)도 있다. 중국에서는 음력 기준 12월을 랍臘월이라 하는데 날씨가 더운 광둥지역에서 12월의 건조하고 시원한 자연바람에 고기를 건조시켜 만들어 먹는다는 의미에서 랍을 붙인다. 지금도 더러 자연바람에 건조시키기도 하지만, 파리가 꼬이는 등 위생 문제가 있어 대부분의 가게에서는 전용 장치에서 속성으로 건조시키는 편이다. 소시지 모양의 대표적인 랍메이인 랍청臘腸의 맛은 서양식 소시지 초리소와 비슷한 느낌이다. 건조시킨 소시지라 겉이 꼬들꼬들하고 속 식감은 같은 고기의 자잘한 덩어리 느낌이 난다. 짭조름한 맛이라 대부분 홍콩식 솥밥인 뽀짜이판煲仔飯에 넣어 먹거나 볶아먹는 형태로 활용한다.

홍콩식 직화 솥밥 뽀짜이판

콴게이뽀짜이 시우초이

坤記煲仔小菜
Kwan Kee Claypot Rice

INFO

ADD 西環西營盤皇后大道西263號
TIME 17:30–22:00
HOW TO GO
MTR 사이잉푼西營盤
A1 출구 도보 2분
Google Map
22.287044, 114.143011

뽀짜이판煲仔飯은 최근 국내에서도 '홍콩식 솥밥'으로 소개되는 대표적인 광둥요리이다. 이 음식은 뚝배기에 쌀을 담고 위에 고명으로 홍콩식 소시지인 랍청臘腸이나 고기, 생선, 갓의 일종인 까이람芥藍을 올려 뚜껑을 덮고 찐 요리로 집집마다 직접 만든 달달하고 짭조름한 특제 간장소스로 포인트를 주는 것이 특징이다.

물에 불린 쌀을 뚝배기에 넣고 강한 직화 불로 바로 조리하기 때문에 바닥면은 누룽지가 바삭하고 딱딱한 반면 위쪽은 고슬고슬해서 비벼먹었을 때 독특한 식감을 느낄 수 있다. 일반적으로 주방 한켠에 직화로 뽀짜이판을 동시에 대량으로 만들어낼 설비가 있어야 하기 때문에 뽀짜이판 식당은 이를 메인으로 내세우는 전문점이 대부분이다. 과거 홍콩에서는 쌀을 뚝배기에 넣어 직화로 조리해 먹었기에 이러한 형태의 밥이 일반적이었으나 전기밥솥의 보급으로 이따금씩 먹는 별미가 되며 뽀짜이판 집 앞에 긴 줄이 늘 어서게 되었다.

현재 가장 유명한 집은 콴게이뽀짜이시우초이로 평일에도 저녁 영업 시작 시간인 6시에 식사하려면 적어도 한 시간 전에는 줄을 서서 기다려야 할 정도로 인기가 많다. 대기줄에는 대만이나 중국 현지, 혹은 일본에서 방문하는 외국인 관광객은 물론, 나이 지긋한 현지 주민도 함께 늘어서 있는 것을 목격할 수 있는데 그만큼 국내외를 불문하고 유명하다.

이 레스토랑의 역사는 비교적 짧은 20년이 갓 넘은 정도이지만 주인장은 10대부터 주방 일을 시작해 현재 60대에 이르기까지 현역인, 요식업 경력이 매우 긴 장인이다. 젊은 시절부터 식당에서 등유 버너에 기름을 넣거나 불을 붙이는 위험한 작업을 도맡아했는데 덕분에 불이 중요한 뽀짜이판 조리에 능숙해졌다고 한다. 지금까지도 이 레스토랑에서는 주인장이 직접 뽀짜이판을 담당하는데 동시에 최대 스무 개의 뽀짜이판을 만들어내는 베테랑이다.

특히 뽀짜이판의 주재료인 쌀부터 메뉴별로 들어가는 재료, 비벼먹을 때 사용하는 간장까지 철저히 관리한다. 쌀은 품질이 좋아 가격이 다소 높은 태국산 브랜드 쌀에 묵은쌀을 섞어 식감을 맞추고, 밥 짓는 데 사용하는 육수는 생강과 양파, 닭머리와 닭발, 돼지뼈 등을 일본산 기꼬망 간장과 함께 우려서 만든다.

이 집에서 가장 유명한 메뉴는 랍청야오압판臘腸油鴨飯으로, 뽀짜이판의 가장 기본이라 할 수 있는 홍콩식 소시지 랍청과 소금에 오랜 시간 절인 오리고기 야오압油鴨이 토핑된 것이다.

랍청과 함께 연청潤腸도 들어 있는데, 랍청은 돼지고기의 목살이나 앞다릿살에 살코기와 비계를 섞어서 소금과 설탕에 약간 절여 1~2주 정도 말려 먹는 소시지이며 연청은 돼지고기 목살과 함께 오리간을 갈아서 넣어 만든 소시지다. 랍청에는 광둥식 쌀증류주가 들어가기 때문에 특유의 술맛이 감돌며, 식감이 버석한 듯 쫄깃하여 특히 뽀짜이판에 잘 어울린다. 연청은 고기 식감과 함께 오리간 특유의 비릿한 듯 고소한 향미가 있어 호불호가 강하게 갈리지만, 분식집에서 순대의 간을 즐기는 사람이라면 틀림없이 좋아할 맛이다.

야오압은 기름 '야오油'에 오리 '압鴨'을 쓰는데, 생오리의 내장과 기름 부위를 제거하고 물로 깨끗이 씻어 소금으로 재운 뒤 높은 도수의 고량주를 발라 약 15~20일 정도 바람에 말려 만드는 저장육이다.

이곳의 랍청야오압판은 꼬들꼬들하면서 바삭한 돌솥밥에 쌀증류주로 숙성시킨 염장고기, 아삭한 식감의 중국식 브로콜리라 불리는 까이람과의 조화가 매우

랍청야오압판

(좌)랍청, (우)야오압

인상적인데 더하여 이 집의 특제 간장양념이 포인트가 되면 진정한 뽀짜이판의 매력을 체감할 수 있다.

그 밖에 한국인이 주문하기에 가장 무난한 메뉴로 워단냐오육판窩蛋牛肉飯을 추천한다. 워단은 달걀노른자를 뜻하고, 냐오육은 소고기, 판은 밥이니 직역하면 달걀소고기밥이다. 메뉴명만 봐도 호불호가 갈리지 않는다는 느낌이 오는 매우 무난한 음식이다. 워단냐오육판은 솥밥 위에 저민 소고기와 달걀노른자, 다진 쪽파가 올라가 있다. 마찬가지로 특제 간장소스를 적당량 끼얹어 비벼주면 달걀노른자가 잘 섞여서 달걀비빔밥과 같은 고소함을 느낄 수 있다. 소고기도 넉넉해 든든하다.

뽀짜이판은 가마솥 문화가 사라지며 지금은 가정집에서 요리하기 힘들어졌기에 홍콩사람에게 향수를 불러 일으키는 메뉴다. 여행 중에 홍콩사람의 추억이 깃든 음식을 먹어보는 것도 홍콩 미식 감성을 이해하는 방법이리라.

워단냐오육판

홍콩의 아침을 여는 신선한 베이글

R&R베이글
R&R Bagels

INFO

ADD 中環利源西街28號
TIME 07:30-17:00
HOW TO GO
MTR 센트럴中環 C 출구
도보 3분
Google Map
22.283282, 114.156434

두 명의 베이글 덕후, 롭Rob과 라이언Ryan이 만든 베이글 전문점이다. 각각 법조계와 IT업계에 몸담고 있던 둘은 홍콩 전 지역의 유명하다는 베이글들을 찾아 먹고 돌아다녔지만 제대로 된 전문점을 찾을 수 없어 결국 본인들이 차리기로 결심한다. 이후 미국, 캐나다 등 전 세계의 유명한 베이글 전문점을 돌며 시장조사를 했고 최종적으로 뉴욕 제빵학교의 유태인 파티시에에게 뉴욕식 베이글 레시피를 전수받아 2016년 가게를 열었다.

뉴욕식 베이글은 반죽을 오랫동안 끓는 물에 삶아 훨씬 쫄깃하고 부드러운 것이 특징이다. 처음에는 시행착오를 많이 겪었지만 더욱 홍콩사람의 입맛에 맞게 레시피를 변형하였고 결국 지금은 홍콩에서 가장 유명한 베이글 전문점으로 손꼽히고 있다.

커피 역시 수준급이라 아침에 빵과 커피를 즐겨먹는 사람이라면 이곳에서 갓 나온 베이글과 맛있는 라떼로 브런치를 먹는 것도 괜찮다.

열 종류에 가까운 베이글이 있으며, 직접 만든 크림치즈도 매우 다양하다. 각각의 재료를 본인의 취향대로

더비건홀그레인베이글

조합하여 먹을 수도 있는데 이곳에서 제안하는 기본 베이글샌드위치를 먼저 먹어보자. 가장 추천하는 메뉴는 비건 재료에 홀그레인베이글을 혼합한 더비건홀그레인베이글The Vegan: Wholegrain Bagle이다. 평소 비건에 매력을 느끼지 못하는 사람도 이곳 비건 베이글샌드위치는 어디서도 먹어본 적 없는 맛이라며 무척 맛있게 먹을 듯하다. 이곳은 특이하게 '아르굴라'라는 루꼴라 계열의 채소를 쓰는데 씁쌀하면서도 향이 좋아 홀그레인베이글과 잘 어울린다. 소스는 코코넛아미노소스를 사용하는데 코코넛의 달콤하면서 고소한 맛이 채소의 밋밋함을 잡아주어 상당히 밸런스가 좋다. 한국의 보통 비건 베이글샌드위치와 달리 독특한 구성의 채소와 소스를 사용하여 건강뿐만 아니라 맛 역시 챙긴 셈이라 할 수 있다.

훈제연어포피베이글Smoked Salmon: Poppy Bagle 역시 익숙한 맛이지만 훈제연어를 넣어 조금 더 향과 식감이 독특한 게 특징이다. 다소 짭짤하여 담백한 베이글과 잘 어울리며 채소의 아삭아삭함이 살아 있다.

특이한 것을 먹어보고 싶다면 메이플베이컨달걀참깨베이글Maple Bacon & Egg: Sesame Bagle 역시 추천한다. 한국에도 베이컨을 넣은

수준급의 라떼아트

메이플베이컨달걀참깨베이글

베이글샌드위치가 많지만 여기는 좋은 품질의 메이플시럽을 베이컨에 코팅해 짭짤하면서 달콤한 맛을 동시에 느낄 수 있다. 그야말로 '단짠'의 정석이라 넣놓고 먹다 보면 순식간에 뚝딱 해치우는 마성의 맛이다. 베이컨은 아주 빠삭하게 구워 쫄깃한 베이글의 식감과 꽤 잘 어울린다. 어디서도 먹어볼 수 없는 묘한 맛이라 낯선 베이글샌드위치를 경험해보고 싶다면 시도해보자.

참고로 R&R베이글은 홍콩섬에 위치한 마카오행 선착장과 멀지 않고 아침 일찍 열기 때문에 오전에 마카오로 넘어가는 일정의 사람이라면 중간에 들러 아침거리로 사서 들고 가도 좋다. 베이글 덕후가 만든 조금 특별한 베이글이 절대 실망시키지 않을 것이다.

훈제연어포피베이글

오랜 전통의 사탕수수 전문점

쿵리
公利
Kung Lee

INFO

ADD 中環蘇豪荷李活道60號
TIME 11:00~21:00
월요일 휴무
HOW TO GO
MTR 센트럴中環 D2 출구
도보 10분
Google Map
22.282926, 114.152810

70년이 넘은 센트럴의 사탕수수가게다. 홍콩에서는 여름의 더위를 식히기 위해 열을 내려주는 효과가 탁월한 사탕수수를 짜서 음료수처럼 마시는데 이곳은 그 사탕수수액을 4대째 전문적으로 만든다. 다른 집보다 훨씬 은은하고 구수한 맛을 내는 게 인상적인데 비결은 바로 재료와 제조법에 있다. 다른 사탕수수집은 단맛을 더 내기 위해 단내가 강하고 탁한 흑사탕수수를 사용하는 반면, 이 집은 맑고 청량한 대나무사탕수수를 써서 풀비린내 없이 훨씬 은은하고 구수한 맛이다. 또 다른 집에서는 생사탕수수를 그대로 짜지만 이곳은 사탕수수를 3시간 동안 찌고 4~5시간 동안 식힌 다음 짜내서 맑은 단맛이다. 매우 손이 많이 가는 작업이지만 4대째 이 방법을 고수하며 홍콩 최고의 사탕수수집으로 손꼽히고 있다. 실제로 다른 사탕수수집과 결이 다르다. 다른 곳은 인위적인 단맛이 강하다면, 이곳은 연한 한약맛이 나면서 달콤한 맛이 인상적이다. 언뜻 한국의 식혜와도 맛이 유사한데 그보다 더 깊고 구수하다. 홍콩의 더위에 지친 사람이라면 한 번쯤 마셔볼 법한 음료다.

(좌)사탕수수 떡 쪽째거우
(우)사탕수수 음료 쪽째쉐이

왁자지껄 로컬 실내포차
둥게이
棟記
Dung Gei

INFO

ADD 上環皇后大道中345號
TIME 11:00-14:30, 17:00-21:30(월-토)
17:00-21:30(일)
HOW TO GO
MTR 셩완上環 A2 출구
도보 3분
Google Map
22.286183, 114.149775

(좌)시정부 빌딩의 모습, (우)둥게이 외관

시정부 빌딩에 위치해 외국인 관광객에게는 많이 알려지지 않은 맛집이다. 원래 둥게이는 1950년대에 대대적으로 생겨난 홍콩스타일 노점식당인 다이파이동大排檔으로, 가게 근처에 접이식 의자와 테이블을 넓게 펴놓고 영업하는 간이식당이었다. 다이파이동은 아무나 차릴 수 없었는데, 전쟁에서 큰 부상을 입거나 숨진 군인, 공무원의 가족에게 다이파이大排 라이센스를 발급하여 이들만 정식으로 영업을 할 수 있었다. 70년대부터 정부가 다이파이 억제정책을 펼치며 라이센스를 후손에게 물려줄 수 없게 하고 시정부 빌딩의 2~3층을 푸드코트화시켜 입점하게 만들었다. 이 빌딩에는 이런 배경에서 이주하게 된, 과거 다이파이동이었던 맛집이 모여 있어 수많은 즉석 요리를 맛볼 수 있다.

70~80년의 역사를 지닌 다이파이동 둥게이의 2대 주인이 한동안 캐나다에서 거주한 경험이 있어 영어 소통이 원활하다. 다이파이동답게 메뉴 종류가 상당히 많은데 외국인이 오면 페이지당 6~7개씩 사진과 함께 요리명이 영어로 적혀 있는 도톰한 메뉴판을 건네준다. 보통 한국의 포장마차나 노점상도 그렇지만 대부분의 다이파이동은 메뉴판에 현지 언어로만 메뉴명이 빼곡히 적혀 있어 외국인의 접근이 쉽지 않은데 이곳은 그런 점에서 관광객 친화적인 가게다.

정식 식사보다는 술 한잔을 기울이는 곳으로 적절한데 이 집에서만 맛볼 수 있는 이색적인 술안주는 치멩임꺽우타오馳名鹽焗烏頭로 직역하면 '유명한 숭어소금구이'다. 머리부터 꼬리끝까지 온전한 숭어 한 마리가 통째로 나오고 그 위에 굵은 소금이 잔뜩 뿌려져 있어 비주얼부터가 어

마어마하다. 화려한 비주얼에 비해 맛은 의외로 평범한데 그래도 생선 배 안에 생강채와 파를 넣어서 은은한 향기가 감도는 것이 특징이다. 소금 범벅으로 오븐에서 구워내 간이 매우 짭짤한 편이라 여러 명이 맥주를 마시며 안주로 먹기 딱 좋다.

치멩임꺽우타오

싸이넹까이西檸雞는 광둥 요리인데 레몬소스로 버무린 닭튀김이다. 닭을 튀겨서 먹기 좋은 크기로 자른 뒤 레몬과 설탕 등으로 만든 걸쭉한 소스를 위에 끼얹고 레몬 슬라이스로 장식한 새콤달콤한 튀김 요리라 볼 수 있다. 중국집의 유린기와 유사하지만 신선한 레몬으로 맛을 내어 유린기보다 새콤한 맛의 비율이 더 높은 것이 특징이다.

마지막으로 추천하는 메뉴는 람초이욕쏭쎄이과이다우欖菜肉鬆四季豆로 직역하면 '올리브, 갈은 고기, 껍질콩 볶음'이다. 채소볶음에 올리브를 넣은 게 특징이다. 중국 남방에서는 특이하게 올리브를 자주 요리에 활용하는데 올리브를 으깨 특유의 향미가 더 잘 살아 있다. 간단하지만 다른 고기나 생선 메인 요리와 함께 훌륭한 사이드디시로 즐기기 좋다.

싸이넹까이

과거 다이파이동의 분위기를 실내에서 충분히 느낄 수 있는 맛집 둥게이, 시끌벅적한 분위기에서 간단한 술안주를 즐기고 싶을 때 추천한다.

람초이욕쏭쎄이과이다우

카트에서 고르는 추억의 딤섬

록언꺼이
六安居
Luk Qang Geoi

INFO

ADD 上環德輔道西40-50號
TIME 06:00-22:00
HOW TO GO
MTR 사이잉푼西營盤
A2 출구 도보 5분
Google Map
22.287536, 114.146896

차라우茶樓Tea House로 유명한 집이다. 차라우는 중국 남부 광둥스타일의 레스토랑으로 차를 마시거나 딤섬을 먹는 밥집으로 시작했지만 점차 영업 규모가 커지며 후에는 광둥사람의 식사, 연회 장소로 이용되었다. 차라우에는 '얏쭝렁긴一盅兩件'이라는 독특한 식문화가 있는데, '찻잔 한 개, 두 가지 메뉴'라는 뜻으로 새벽 5~6시 영업을 시작하는 차라우에 아침 일찍 방문하여 차 한 잔과 딤섬 두 개를 주문하고 주로 신문을 읽으며 여유롭게 시간을 보내는 것을 뜻한다. 록언꺼이를 아침에 방문하면 새벽잠이 없는 나이가 지긋한 손님들이 간간이 혼자 방문해 차 한 잔에 딤섬 두 개를 시켜놓고 여유롭게 조식을 먹으며 신문을 읽는 모습을 볼 수 있다.

본점은 린홍라우蓮香樓이지만, 코로나19 기간에 경영 악화로 2022년 폐업하고 다시 린홍귀蓮香居라는 이름으로 영업을 재개하던 도중, 또 소송에 휘말리며 기존 이름을 안 쓰는 조건으로 합의하여 2024년 1월 1일부터 록언꺼이로 바꾸었다.

록언꺼이에는 딤섬뿐만 아니라 일반 식사류, 요리 등 다양한 메뉴가 있어서 여러 번 재방문하게 되는 곳이다. 우리도 처음에는 딤섬에 차를 맛보러 갔다가 먹어보지 못한 무수한 메뉴가 눈에 걸려 식사를 하고 씨우랍까지 먹었다. 록언꺼이의 1층 입구에는 차를 파는 작은 매장이 있고 엘리베이터를 타고 2층으로 올라가면 자리로 안내받는다. 홀에는 라운드 테이블이 빼곡하게 놓여 있고 손님 수대로 합석하는 시스템인데 자리에 앉으면 나이 지긋한 웨이터가 다가와서 퉁명스럽게 무슨 차를 마실지 물어본다. 차 종류는 한국인에게 익숙한 재스민과 보이차, 익숙하지 않은 수선차水仙茶와 수미차壽眉가 있는데 웨이터와 소통이 원활하게 되지 않았을 때는 재스민이 기본으로 제공되는 편이다.

차 가격은 1인 15HKD(한화 약 2,500원) 선인데 차를 안 마셔도 뜨거운 물이 서빙되며 이 돈은 그대로 지불되니 자리값이라고 봐야 한다.

혼자 오면 뚜껑이 있는 도자기 찻잔에 차를 주고, 둘 이상 오면 도자기 주전자에 차를 따라준다. 사람마다 수저와 수저받침대, 그릇과 접시, 찻잔이 놓이고 또 테이블 중간에 약간 큰 그릇이 나온다. 현지인은 큰 그릇에 접시와 그릇, 수저 등을 넣고 차를 부어서 씻어내 살균소독한다. 찻물로 식기구를 셀프 소독하는 데는 나름대로의 순서가 있으니 옆 테이블을 참고하여 어설프게나마 따라해봐도 좋다.

록얀꺼이에서는 독특하게 요즘은 거의 볼 수 없는, 딤섬이 가득 담긴 카트를 끌고 다닌다. 유형에 따라 각각 3~4종류씩 들어 있는 만두 카트, 디저트 카트 등인데 보통은 카트 앞에 명패를 달아서 무엇이 있는지 상세히 알려준다. 그러나 이곳은 카트 앞에 명패가 없고, 뚜껑이 다 덮혀 있는데다 종류도 너무 다양해서 뭐가 있는지 알기 어렵다. 차라우 시스템에 익숙한 현지인은 카트가 지나갈 때 뭐가 있는지 아주머님께 물어보고 주문하지만 보통 광둥어에 서툰 관광객은 카트가 나올 때마다 몰려가 이게 뭔지 하나하나 묻는다. 아주머님도 하나하나 그릇을 열어 보여주는데 이때 본인 취향의 딤섬 접시를 집어오면 된다.

매장 한켠에는 즉석 제조 코너가 있는데, 전담 조리사가 프라이팬에 주로 기름으로 볶거나 부치는 종류의 딤섬을 직접 만든다. 원하는 걸 고르고 아주머니가 조리가 완료되었다는 신호를 주면 메뉴를 찾아오면 된다. 다른 딤섬을 먹고 있다가 이 신호를 놓치면 주위 단골의 차지가 되니 주문을 한 뒤 꼭 신경 써서 이 신호를 살피자.

이렇게 카트나 즉석 제조 코너에서 딤섬을 고르면 메뉴 영수증에 가격별로 체크가 된다. 딤섬은 크기에 따라 작은거小點, 중간中點, 큰거大點, 스페셜特點, 탑頂點 다섯 종류가 있다.

가격은 종류에 따라 23HKD(한화 약 4,000원)부터 37HKD(한화 약 6,000원)까지 다양하다.

우리는 즉석 제조 코너에서 무떡, 로박고우蘿蔔糕와 고기소가 든 고추지짐 푸페이찜찌우虎皮尖椒, 소가 들지 않고 기름으로 부쳐낸 기본 청판腸粉을 골랐다. 카트에서는 소고기가 든 냐오욕씨우마이牛肉燒賣와 돼지고기 차씨우청판叉燒腸粉, 디저트로 샤웡沙翁을 선택했다. 고추지짐은 끝이 뾰족한 큰 고추의 속을 파내고 안에 다진고기를 넣어 구워내는 딤섬이다. 마치 한국의 오이고추와 같은 고추를 사용해서 아삭하면서 매운 맛은 거의 없다. 전반적으로 한국의 고추고기튀김과 비슷하지만 고추가 더 크고 두꺼워 아삭한 식감이 강하다.

소고기가 든 냐오욕씨우마이는 딤섬소 안에 고기 다짐육이 넉넉히 들어가 식감이 아주 탱탱하다. 샐러리도 다져져 들어갔는데 특유의 화한 향과 개운함이 고기와 아주 잘 어울린다.

청판은 묽은 쌀반죽을 찜기에 넣어 만든 흐늘흐늘한 만두피 같은 딤섬으로 안에 새우나 광둥식 저장육 차씨우 등 소를 넣고 돌돌 말아 위에 맛을 낸 간장을 뿌려먹는 게 일반적이다. 이곳에서는 돼지고기 차씨우청판을 주메뉴로 판매한다. 차씨우나 새우 등 두세 종류의 청판 중에 골라 묽은 특제 맛간장을 끼얹어 먹어보자. 촉촉한 청판의 찰기와 차씨우의 짭조름한 조화가 인상적인데 특히 이 집은 고수나물 샹차이香菜가 약간 들어가 고수향을 좋아하는 사람이라면 먹어보기를 꼭 추천하는 청판이다.

푸페이찜찌우

로박고우는 무를 채칼로 가늘게 잘라 기름에 볶다가 쌀가루와 전분으로 만든 묽은 반죽을 넣어 떡처럼 만들고 하루 정도 냉장해 굳힌 다음 기름을 두른 팬에 노릇하게 구워서 먹는 딤섬이다. 생긴 건 떡이지만 가느다란 무채가 언뜻언뜻 보인다. 무는 충분히 익혀 부드러운 식감으로 호불호가 나뉘지 않는다. 보통 로박고우 안에는 잔새우를 넣지만 이 집은 차씨우를 넣어 고기의 향미가 무떡에 은은하게

냐오욕씨우마이

프라이팬에 볶아낸 소 없는 청판

차씨우청판

배어들게 했다.

샤웡은 버터, 밀가루, 설탕을 버무려 만든 딤섬 종류에선 가장 전통적이고 대중적인 디저트 딤섬이다. 과거에는 마땅한 디저트가 없었기에 샤웡을 식후 디저트로 먹었지만 이제는 달달한 후식 종류가 많이 생겨 이 딤섬을 취급하는 집들이 거의 사라졌다. 딤섬을 먹는 와중에도 딤섬 카트가 끊임없이 돌아다니며 셀 수 없이 많은 종류의 딤섬을 선보이는데 마음 같아서는 하나씩 모조리 먹어보고 싶은 심정이었다. 대부분의 홍콩 딤섬집은 메뉴판에 적힌 설명과 그림을 보고 주문하는 시스템인데 이곳은 오히려 번듯한 메뉴판이 없기에 음식의 정체를 유추해가며 하나하나 신중하게 고르는 흥미로운 집이었다.

로박고우

사웡

알수록 맛있는 정보

홍콩 딤섬의 세계

하가우 蝦餃
새우찐만두인데, 만두피는 글루틴 없는 밀가루와 전분으로 만들어 반투명 느낌이고, 살짝 쫄깃한 식감이다. 피가 얇고 부드러워야 제대로라 할 수 있다. 소는 통새우 한두 마리와 함께 만드는 사람에 따라 고기, 죽순 등을 적당히 넣는다.

차씨우빠오 叉燒包
광둥식 바비큐인 차씨우를 잘게 썰고 굴소스 등을 넣어 소를 만든 다음. 왕만두 모양으로 빚어 찜기에 쪄낸다. 굴소스의 달콤짭짤한 맛에 차씨우 고유의 훈연맛이 만두피에 스며들어 있다. 만두 위가 약간 갈라져 속이 보이는 게 특징이다.

로박고우 蘿蔔糕
무떡을 뜻하는데, 채 썬 무를 찹쌀가루와 좁쌀가루를 섞은 반죽에 넣고, 기호에 따라 잘게 썬 표고버섯, 잔새우 등을 넣어 찐다. 찜기에서 꺼내면 작은 접시 크기의 네모 모양으로 썰어낸다. 간장으로 간을 맞춰서 먹는 편이며, 응용해서 XO소스와 볶아먹기도 한다.

퐁짜우 鳳爪
직역하면 '봉황의 발'인데, 닭발이다. 광둥지방에서는 닭을 봉황으로 표현하는 경우가 많다. 튀겨서 오랜 시간 쪄낸 닭발이 일반적이며, 먹는 데 손이 많이 가고 즙이 많지만 심심풀이로 즐길 수 있다. 실제로는 별로 먹을 게 없다. 피부에 좋아 여성들이 더욱 즐겨먹는다.

마라이고 馬拉糕
'말레이시아떡'이란 뜻이다. 한국의 술떡과 같은 느낌으로 기포가 있는 게 특징이다. 위층은 세로로, 중간은 동그랗게, 아래층은 가로로 기포가 생긴다. 커다란 찜기에 쪄내는데, 적당히 잘라서 한 접시씩 판다.

나이웡빠오 奶皇包
버터, 달걀, 우유, 설탕 등으로 소를 만들고, 밀가루와 좁쌀가루로 빚은 두꺼운 피로 감싼 왕만두 모양의 딤섬. 노랗고 진한 커스터드크림이 들어 있어 후식으로 즐기기 좋다. 비슷한 것으로 라우싸빠오流沙包가 있는데, 염제한 오리알 노른자를 다져서 추가한 것이다.

씨우마이 燒賣
중국 전역에서 볼 수 있다. 뜨거운 물로 반죽한 밀가루 피에 각종 소를 넣고 찜기에 찐다. 광둥식 씨우마이는 노란색 피에 다진 돼지고기와 새우 등을 소로 넣고, 위에 게내장(게황)을 올린다. 요즘은 수지타산이 안 맞아 날치알을 올리거나, 심지어 당근으로 대체하는 경우도 있다.

산쭉냐오육가우 山竹牛肉球
작은 공 모양의 찐 미트볼이다. 소고기와 마름, 파를 넣어서 만든다. 입에 넣고 씹으면 청량한 느낌이 아삭한 식감이 느껴지는 것이 마름인데. 호수 등의 바닥 진흙에서 나는 식물의 열매다. 밤보다 아삭하며 물기가 있어 물밤이라고도 불린다. 영어로 Water Chestnut이다.

로우마이까이 糯米雞
광저우 야시장에서 만들어졌다는 로우마이까이는 간장 등으로 조린 닭과 표고버섯 등을 찹쌀과 함께 연잎에 넣고 찌는 밥이다. 야시장에서 인기가 많아지자, 딤섬 전문 레스토랑에서도 레스토랑의 격식에 맞게 개발하여 현재는 대표 딤섬 중 하나가 되었다.

함수이꺽 咸水角
럭비 모양의 찹쌀도넛 같은 느낌의 튀긴 딤섬이다. 속에는 짭조름한 고기와 표고버섯 등이 들어 있으며 겉은 오랜 시간 숙성시킨 반죽을 사용하여 식감과 맛 모두 훌륭하다. 한국에서는 맛보기 힘들지만 홍콩에서는 흔하게 볼 수 있다.

차씨우쏘우 叉燒酥
차씨우빠오叉燒包와 비슷한데 소는 같지만 겉부분이 기존 찐빵과 달리 바삭한 페이스트리로 만들어져 있다. 따라서 찌는 게 아니라 오븐에 굽는다. 바삭한 피에 달달짭짤한 차씨우 소도 제법 잘 어울린다.

씬쭉균 鮮竹卷
돼지고기와 표고버섯, 죽순과 채소 등을 두부껍질로 싸서 초벌로 구운 다음 쪄내는 것으로, 위에 굴소스로 만든 걸쭉한 소스를 부어먹는다. 구웠을 때의 바삭함과 쪄냈을 때의 촉촉함이 함께 느껴진다.

057

소호에서 스페셜티
커피와 브런치

커핑룸
Cupping Room

INFO

ADD 中環閣麟街18號
TIME 08:00−18:00(월−금)
09:00−18:00(토−일)
HOW TO GO
MTR 센트럴中環 D2 출구
도보 8분
Google Map
22.283112, 114.154534

홍콩의 카페 겸 브런치집으로 한국사람에게도 인기가 있다. 카페 분위기가 세련되면서 예쁜데 맛 좋은 브런치까지 맛볼 수 있는 것이 장점이다. 특히 이곳은 스페셜티 커피가 유명하다.

커핑룸 대표 데렉 치우Derek Chiu는 미국 미시건대학교에서 유학생활 중 학교 주위에 있던 블루보틀Bluebottle의 단골이 되며 스페셜티 커피에 빠지게 되어 바리스타의 길을 걸었다. 이후 2년 동안 드립커피 기술을 갈고닦아 2011년 월드 바리스타대회 홍콩지역 준우승을 차지했다. 2012년에 드디어 커핑룸을 오픈하며 사람들에게 자신만의 커피맛을 선보이기 시작했다. 처음에는 드립, 쿠킹, 정산 등을 혼자 해내야 해 매우 힘들었지만 지금은 드립커피의 맛을 유지하는 것에만 집중하고 있다. 그래서 커핑룸의 커피는 언제 먹어도 일정한 수준의 맛을 유지한다. 특히 플랫화이트Flat White는 알싸한 커핑룸 커피에 부드러운 우유가 섞여 브런치와 함께 먹기 적당한 음료다.

브런치 메뉴로 에그베네딕트를 얹은 훈제연어Egg Benedict with Smoked Salmon를 추천한다. 루꼴라에

플랫화이트

아보카도 온 토스트

에그베네딕트훈제연어

훈제연어, 에그베네딕트를 얹었는데 노른자를 톡 터트려 먹는 재미가 쏠쏠하다. 신선하고 좋은 달걀을 사용해 비린내가 느껴지지 않으며 특히 곁들여진 자몽과 함께 먹으면 깔끔하고 상큼하게 입안을 정리할 수 있다. 아보카도온토스트 Avocado on Toast 역시 추천하는 메뉴다. 빵에 깍둑 썬 아보카도를 듬뿍 얹고 그 위에 특제소스를 살짝 뿌린 이 토스트는 다소 먹기는 불편해도 입안에서 어우러지는 궁합이 좋다. 느끼하다 싶으면 함께 나온 레몬을 뿌려먹는 것도 방법이다. 에그베네딕트도 나오는데 따로 먹어도, 토스트에 얹어 먹어도 좋다.

참고로 이곳 센트럴지점은 커피만 주문할 경우 2층은 이용할 수 없다. 2층은 브런치 전용이기 때문이다. 커피만 먹기 아쉬우니 2층에서 커피와 토스트를 주문하여 홍콩에서의 여유로운 브런치 타임을 만끽해보자.

스페인계의 후안Juan이 진토네리아진토닉을 파는 바를 아시아 최초로 선보인 곳이다. 세계 각지의 진을 판매하는데 그 종류만 여든 가지나 된다. 대부분이 홍콩에서 찾아보기 힘든 브랜드로 스페인과 영국, 미국 등에서 주로 수입하고 있다. 심지어 토닉워터만도 열 종류가 넘고 그중에는 허브향이나 꽃향기 등이 나는 것도 있어서 칵테일 종류에 따라 달리 사용한다. 당연히 홍콩의 그 어떤 진토닉을 파는 술집에서보다 훨씬 더 다채로운 맛을 경험할 수 있다.
전문가가 만든 맛있는 술이 마시고 싶다면 단연코 추천할 만하다.

진토네리아로 변신한 세상 힙한 탁구장
핑퐁129
Ping Pong 129

INFO
ADD 西環西營盤第二街129號
TIME 17:00–00:00(일–목)
17:00–02:00(금–토)
HOW TO GO
MTR 사이잉푼西營盤
A1 출구 도보 10분
Google Map
22.286291, 114.139701

모든 진의 맛이 다 훌륭해 메뉴판을 읽어보고 취향껏 주문하면 되는데 특히 과일 진토닉을 추천한다. 신선한 과일이 듬뿍 들어가 진토닉의 맛이 달달하면서도 청량하다. 알코올 도수가 그리 높지 않아 술을 잘 마시지 못하는 사람도 부담 없이 음료수처럼 즐길 수 있다. 안주류로 이베리코햄이나 각종 타파스 등 가벼운 스낵을 주문해보자.

이곳은 인테리어를 보는 재미 또한 쏠쏠하다. 본래 탁구장이었는데 바로 개조하면서 탁구 시설을 완전히 철거하지 않고 느낌을 남겨두어 과거 홍콩의 향수까지 느껴볼 수 있는 게 특징이다. 가게 이름에 탁구를 뜻하는 핑퐁이 들어가 있는 이유다. 바텐더가 선 공간 뒤에 붉은 네온사인으로 단련신체鍛鍊身體라는 문구가 남아 있고 심지어 문도 손을 대지 않아 지금도 진짜 탁구용품을 사러 오는 손님이 있다고 할 정도이니 '탁구장'으로서의 정체성을 남겨둔 셈이다.

참고로 상호명이나 역사 배경은 다소 토속적이지만 분위기는 정말 '힙'하다. 특히 밤에 방문하면 어두컴컴한 조명 아래 외국인들이 시끄러운 클럽음악에 맞춰 진토닉을 마시는 게 마치 금요일 밤 홍대 클럽에 온 듯하다. 피크 타임에 가면 자리가 없어 스탠딩으로 마셔야 할 수도 있으니 여유롭고 한적한 분위기를 원한다면 오픈 시간에 맞춰 가길 바란다.

꽈빠오刈包(예포)는 갓 쪄낸 찐빵에 고기, 채소 등 다양한 재료를 끼운 음식으로 대만, 홍콩 등에서 즐겨먹는 전통 주전부리다. 혹자는 이걸 중국식 햄버거라고도 하는데 실제로 홍콩 센트럴에는 서양 햄버거와 중국 꽈빠오를 접합해 파는 식당이 있다. 그 레스토랑의 이름은 리틀빠오로. 귀여운 아기 캐릭터가 네온사인 간판으로 크게 그려져 있어 멀리서도 찾기 쉽다. 서양인과 홍콩 현지인으로 늘 문전성시를 이루어 센트럴을 걷다 보면 단연 눈에 띄는 곳이기도 하다.

이곳의 창업자 메이 차오May chow 역시 서양과 동양을 가로지르는 인물이다. 그녀는 캐나다 출생이지만 홍콩에서 자랐고 미국으로 넘어가 학교를 다녔다. 열다섯 명이나 되는 대가족 속에서 성장한 메이 차오는 어렸을 때부터 즐겁게 식사 준비를 하는 부모님을 보면서 요리에 관심을 가졌고 자연스럽게 요리사가 되기를 꿈꿨다. 그러나 부모님은 그녀가 공부를 곧잘 하는 걸 아까워하며 대학에 들어가기를 권유했다. 결국 메이 차오는 보스턴대학교 호텔경영학과로 진학을 했고 이후 다양한 일을 하다 리틀빠오를 창업했다.

트렌디한 분위기의 중국스타일 버거

리틀빠오
小包包
Little Bao

INFO

ADD 中環善慶街1-3號
TIME 12:00–16:00, 18:00–22:00(일–목)
12:00–16:00, 18:00–23:00(금–토)
월요일 휴무
HOW TO GO
MTR 셩완上環 A2 출구 도보 5분
Google Map
22.284066, 114.152238

트러플프라이즈

실내 인테리어는 런던 소호에서 볼 법한 모던한 스타일인데 민트색과 핑크색으로 꾸며 귀여운 요소를 더하였다. 고전적인 중국 전통 간식거리 꺼바우를 서양식의 햄버거로 해석한 레스토랑은 폭발적인 인기를 누렸다. 사람들은 리틀빠오 브랜드를 재미있다고 여겼고, 메이 차오는 아시아 베스트 여성 셰프로 뽑히며 명성을 얻었다.

이곳에서 가장 유명한 음식은 역시 삼겹살을 끼운 빠오Pork Belly Bao다. 마치 꽃빵에 동파육을 끼워먹는 듯한 맛인데 짭짤하고 기름진 돼지고기와 담백한 스팀번이 무척 잘 어울린다. 서양식 햄버거와 다르게 과하게 느끼하지 않고 번 자체가 촉촉하고 따뜻해 한끼 식사로 손색이 없다.

삼겹살을 끼운 바오

사이드메뉴로는 트러플프라이즈Truffe Fries를 추천한다. 프렌치프라이 위에 트러플 마요네즈를 뿌린 감자튀김인데 트러플 향이 강하게 배어 있어 맥주안주로도 훌륭하다. 이곳에서만 맛볼 수 있는 특별한 메뉴다. 그러나 이곳의 숨겨진 비장의 메뉴는 아이스크림빠오LB Ice Cream Bao다. 작은 찐빵을 바삭하게 튀긴 후 안에 바닐라아이스크림을 넣고 소금 캐러멜을 뿌린 이 디저트야말로 정답의 맛이다. 바삭하고 뜨거운 찐빵과 부드럽고 달달한 아이스크림의 궁합이 환상이다. 여기에 소금 캐러멜을 끼얹어 쌉쓸하고 짭짤한 맛까지 가미하니 완벽한 오미五味를 이룬다. 홍콩 맛집의 뉴웨이브를 경험해보고 싶은 사람에게 강력 추천하는 집이다.

아이스크림바오

크루와상의 모든 것
어반베이커리
Urban Bakery

INFO
ADD 皇后大道中15號置地廣場3樓 322號
TIME 08:00–20:00(월–금)
09:00–18:00(토–일 및 공휴일)
HOW TO GO
MTR 코즈웨이베이銅鑼灣
F2 출구 도보 1분
Google Map
22.280815, 114.158019

홍콩의 유명 외식업체인 맥심美心에서 운영하는 크루와상 전문점이다. 2012년 오픈하였고 한때 열 개가 넘는 지점이 있었으나, 현재는 센트럴의 대표 백화점 랜드마크Landmark 지점을 필두로 세 개만 운영한다.

런던의 버러Borough문화에서 영감을 얻어 가게의 콘셉트를 정했는데 버러문화란 제빵사와 셰프가 베이커리를 즐거운 놀이터처럼 여기는 것으로 서로 다른 레시피를 개발하며 창조적인 베이커리 제품을 만드는 것을 뜻한다. 실제 이곳의 모토는 "베이커리는 예술이다"로 유명 디자이너인 조이 호Joey Ho와 포르투갈 조각가이자 벽화아티스트인 빌스Vhils가 함께 참여한 곳으로 유명하다.

제일 유명한 빵은 역시 크루와상. 한 해에 백만 개가 넘는 크루와상이 팔려나가는데 그 종류가 다양하다. 그중 몰텐에그요크커스터드크루와상Molten Egg Yolk Custard Croissant은 한국인들에게 '커스터드크루와상'이라고 불리는 가장 유명한 종류로 이곳에 방문했으면 꼭 먹어보기를 권한다. 짭짤하고 바삭한 크루와

더블햄&브리치즈크루와상샌드위치

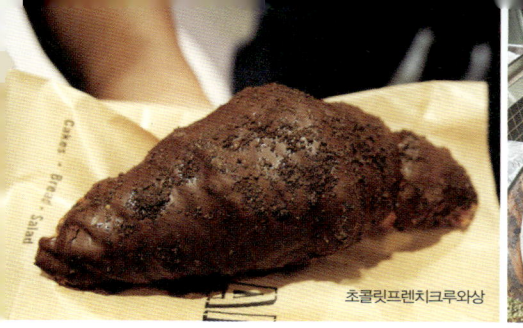

초콜릿프렌치크루와상

상에 꾸덕하면서도 흘러넘치는 커스터드크림의 조화가 일품이다. 초콜릿 덕후라면 초콜릿프렌치크루와상 Chocolate French Croissant 역시 먹어볼 법하다. 초콜릿의 달달함이 크루와상 위에 가득 녹아 있는데 전체적인 밸런스가 훌륭하다.

그 외에도 크루와상 위에 다양한 토핑을 곁들인 크루와상샌드위치, 아이스크림을 올린 크루와상 등 다양하고 창의적인 음식이 가득 쌓여 있다. 특히 시즌별로 독특한 크루와상을 선보이니 크루와상 덕후라면 홍콩에 여행 갔을 때 한 번쯤은 들러볼 법하다. 종종 고수마늘크루와상을 선보이는데 특유의 향 때문에 호불호는 극명하게 갈리지만 어디서도 먹어볼 수 없는 독특함으로 크루와상 덕후들은 크게 만족해한다는 후문이다.

버터크루와상

알수록 맛있는 정보

홍콩 빵 투어

막싸이고빠오 墨西哥包
본래 스페인의 달달한 빵이다. 어떤 홍콩인이 멕시코에서 장사했던 날들을 기념하여 판매하기 시작했다. 외형은 일본의 메론빵과 비슷하며, 소보루 부분은 소금, 설탕, 버터 등으로 만든다. 빵 속에 커스터드크림이 들어가 있는 것이 특징이다.

뽀로빠오 菠蘿包
소가 없는 빵으로, 홍콩식 소보루라고 생각하면 된다. 뽀로는 파인애플이라는 뜻인데, 실제 파인애플과는 아무런 관계가 없으며, 소보루 윗부분의 생김새가 파인애플과 닮았다 하여 붙여진 이름이다.

뽀로야우 菠蘿油
뽀로빠오 중간을 수평으로 갈라, 안에 버터를 넣어 먹는 게 그 유명한 홍콩식 버터소보루 뽀로야우다. 오븐에서 막 나온 뜨거운 뽀로빠오에 얼려둔 버터를 끼워넣어 먹으면 그 맛이 환상적이다.

까이파이 雞批
닭고기가 소로 든 파이 형태의 빵이다. 미트파이와 비슷한 느낌이나. 빵이 바석거리면서 부서진다. 소로 닭다리 부위와 햄, 버섯, 양파를 사용하며, 홍콩식으로 샤오싱저우紹興酒(중국 소흥지방의 약술), 간장, 참기름, 후추 등이 들어간다.

단타 蛋撻
홍콩식 에그타르트인 단타는 모양이 마치 그릇처럼 생겼다. 파이의 식감이 쿠키와 비슷하여 쿠키파이라고도 불린다. 두께가 두껍기 때문에, 안에 들어가는 필링은 포르투갈식 에그타르트보다는 적다.

차씨우찬빠오 叉燒餐包
홍콩에서 흔히 볼 수 있는 빵으로 딤섬에 자주 쓰이는 차씨우에 서양식 빵을 합쳐 만들어졌다. 즉 빵은 서양식, 소는 중국식이다. 잘게 다진 차씨우와 간장, 굴소스, 양파가 들어간다. 싱거울 수 있는 빵이 소의 짭짤함으로 훌륭한 조화를 이룬다.

추앙지빠오 腸仔包
추앙지는 소시지를 뜻한다. 즉 소시지를 넣은 짭짤한 빵이다. 핫도그와 비슷하나 케첩 등의 소스는 없고 소시지와 빵으로만 이루어져 있다. 홍콩사람이 즐겨먹으며 빵집마다 있지만 크기와 맛은 제각각이다.

냐오욕빠오 牛肉包
냐오욕빠오는 소고기 소가 든 짭짤한 빵이다. 일반 서양식 빵 안에 갈은 소고기와 채 썬 양파 등을 소로 만들어 넣는다. 소고기를 만두처럼 빵에 싸서 발효시켜 오븐에 굽는 것으로 어떤 빵집은 갈은 소고기 대신 콘비프 통조림을 사용하기도 한다.

탄나위빠오 吞拿魚包
참치샐러드를 버무려 안에 넣어 우리의 입맛에 친숙한 빵이다. 만두처럼 참치소를 빵에 싸서 발효시켜 오븐에 굽는다. 안에 든 내용물을 구분하기 위해 김가루나 검은깨를 올려 굽는경우가 많다.

푸오퇴이까이단빠오 火腿雞蛋包
햄달걀빵으로 짠맛이 난다. 빵반죽을 발효시켜 구운 달걀과 통조림햄이나 슬라이스햄을 넣고 오븐에 굽는다. 한국에서도 먹어봤을 법한 친숙한 맛이다.

지빠오단꺼 紙包蛋糕
종이에 싸인 케이크라는 뜻으로, 추억의 홍콩 빵에 속한다. 스폰지케이크와 같은 식감으로, 차찬텡에서도 팔 정도로 대중화되어 있다. 유산지를 컵과 같은 크기의 금속 오븐용기에 깔고 그 안에 케이크 반죽물을 부어 오븐에 구워 만든다.

까이메이빠오 雞尾包
1950년대 홍콩의 어떤 빵집 주인이 팔고 남은 빵이 버리기가 아까워, 빵들을 부셔 설탕과 코코넛 슬라이스를 넣고 소로 만들어 다시 빵반죽에 넣고 구운 것이다. 남는 빵들이 늘 달라 마치 칵테일같이 섞는다 하여 이름이 칵테일번을 뜻하는 까이메이빠오가 되었다고 한다.

CHAPTER 2
완차이
코즈웨이베이

중국과 인도가 공존하는
돈가스커리

선킹유엔
新景園
Sun King Yuen

INFO

ADD 灣仔春園街20號
TIME 11:30–14:30, 18:30–20:30
일요일 휴무
HOW TO GO
MTR 완차이灣仔 A3 출구
도보 2분
Google Map
22.275809, 114.172926

의외라고 여길 수도 있지만 홍콩은 커리가 맛있다. 인도커리점을 심심치 않게 찾아볼 수 있는데 실제로 모두 수준급의 커리 요리를 선보인다. 이는 아마 홍콩이 인도와 함께 19세기에 영국의 식민 지배를 받았기 때문일 것이다. 많은 인도인이 영국 지배층을 따라 홍콩으로 건너와 영국인의 관리하에 치안 등의 업무를 보면서 홍콩에 정착했고 자연스럽게 인도의 향신료와 음식 역시 홍콩으로 반입되었다.

인도가 독립한 후에도 돌아가지 않은 후세가 홍콩에서 향신료점이나 인도커리집을 운영하면서 커리는 홍콩에서 흔한 음식이 되었다. 그런데 "강남의 귤도 강북에 옮겨 심으면 탱자가 된다"라는 속담처럼, 인도커리는 필연적으로 홍콩식으로 변모했다. 동남아커리와 같이 홍콩도 인도커리에 코코넛밀크를 넣기 시작하면서 자극적인 매운맛이 사라진 부드러운 커리 맛이 완성되었다. 그래서 우리가 홍콩에서 먹을 수 있는 커리는 일본식 커리도, 인도의 본토 커리도 아닌 '홍콩식 인도커리'다.

지금 소개하는 이 집은 홍콩 젊은이에게 인기가 좋은 커리전문점이다. 특히 유명한 메뉴는 돼지갈비커리

커리쮜바판

대중적인 볶음밥 양쩌우차우판

커리쥐바판咖喱豬扒飯. 맛을 한마디로 표현하자면 중국식 튀김과 인도커리의 컬래버레이션이라 할 수 있다. 돼지고기는 빵가루를 묻혀 바삭하게 튀겼는데 겉보기에는 돈가스이지만 맛은 깐풍기나 고기튀김 같은 중국집 튀김요리에 가깝다. 얇은 돼지고기에 빵가루와 소금, 후추를 한껏 묻혀 튀겨 전반적으로 맛이 짭짤하면서 후추맛이 강하기 때문이다. 그러면서도 커리에서는 인도의 향신료맛 역시 강하게 난다. 보통 우리가 생각하는 레토르트 커리맛이 아닌 쿰쿰하면서도 그윽한 인도의 향이 물씬 느껴진다. 겉보기에는 일본식 돈가스커리에 가깝지만 맛은 전형적인 중국과 인도의 만남이다. 이 돼지갈비커리는 홍콩의 역사를 반영한, 오로지 홍콩에서만 먹을 수 있는 특별한 음식인 셈이다.

간장맛 볶음쌀국수 깐차우야오호

챙통야오난판

몸이 허할 때 뜨끈한 소고기국수
시스터와
華姐清湯腩
Sister Wah

INFO

ADD 天后電氣道13號
TIME 11:00-22:45
HOW TO GO
MTR 틴하우天后 A2 출구
도보 1분
Google Map
22.283151, 114.191545

홍콩에는 앞서 소개한 카우키와 더불어 양대산맥으로 일컬어지는 또 다른 소고기국수 집이 있는데 바로 시스터와다.

대표 메뉴인 챙통야오난판清湯牛腩粉은 카우키와는 맛의 특징이 판이하게 다르다. 카우키가 듬뿍 올려진 고기에 진한 고기국물이 특징이라면 이곳은 깔끔하고 맑다. 그래서 카우키의 강한 향에 거부감을 갖는 사람이라면 이곳의 고기국수가 더 입맛에 맞을 수 있다.

또 카우키의 대표 메뉴가 커리소고기국수라면 이 집은 난짭로박腩汁蘿蔔이다. 직역하면 '고기국물에 무'다. 현지인은 소고기국물에 푹 익힌 크게 깍둑 썬 무 하나를 먹으러 여기까지 찾아온다. 대체 왜 이런 평범한 무가 유명한가 싶은데 한입 베어물면 그 이유가 납득이 간다. 한국의 무보다 더 맛이 달다. 또 무를 푹 익히면 형태도 없이 물러지기 쉬운데 이 무는 형태가 살아 있으면서도 부드럽다. 아무 소스 없이 그저 무만 먹어도 맛있다.

간혹 심심하다 싶으면 소고기국수를 주문할 때 무라는 뜻

난짭로박

막위원

의 로박蘿蔔을 추가로 토핑할 수도 있다. 담백한 소고기와 무를 함께 먹다 보면 자꾸 한국의 소고기뭇국이 떠오르는 건 어쩔 수 없다. 그러나 부드러운 에그누들의 식감 때문에 한국의 소고기국밥과는 또 다른 매력이 느껴진다.

소고기국수만 먹기 아쉽다 싶으면 막위원墨魚丸을 시켜보자. 마찬가지로 소고기국물에 오징어완자를 넣은 탕인데 오징어의 쫀쫀한 식감이 일품이다. 국물은 소고기국수의 탕과 다를 바 없기에 오징어볼만 건져 먹는 것을 추천한다.

이러니저러니해도 이 집의 가장 큰 장점은 홍콩 내에서 카우키와 쌍벽을 이루는 집이면서 웨이팅이 카우키보다 많지 않다는 것이다. 카우키에 양조위 소문을 듣고 온 관광객이 많다면 이 집은 동네주민이 와서 한끼를 때우고 가는 느낌이 강하다. 당연히 더 현지 분위기를 생생하게 체험할 수 있다.

자, 선택은 당신의 몫이다. 자신의 성향을 정확히 파악하여 홍콩에서 후회 없이 소고기국수를 제대로 즐기고 오자.

추억의 디저트
홍콩 복고풍 카페

캄키 카페
金記冰室
Kam Kee Cafe

INFO

ADD 灣仔港灣道25號
TIME 07:00~22:00
HOW TO GO
MTR 코즈웨이베이銅鑼灣
E 출구 도보 5분
Google Map
22.281282, 114.175727

캄키카페의 아기자기한 인테리어

빙솟冰室은 홍콩에 있는 독특한 형태의 전통 카페다. 한자 뜻은 '빙실'로, 즉 '얼음방'이다. 과거 홍콩에 냉방시설이 본격적으로 보급되기 전에는 몇몇 규모 있는 카페만 에어컨을 보유하고 있었고 홍콩의 연인들은 여름철마다 이 시원한 빙실로 몰려들어 데이트를 했다. 그때부터 홍콩에 빙솟이라는 형태의 카페가 유행처럼 번지기 시작했고 1950년대 홍콩의 문화살롱이자 커뮤니티 공간으로 자리 잡았다. 물론 시간이 지나며 그 역할은 사라졌지만, 현재까지 빙솟이라는 이름으로 명맥을 유지하는 카페들이 몇몇 존재하는데 그중 가장 유명한 곳이 바로 캄키빙솟이다.

캄키빙솟은 현재 여러 지점을 운영하는데 그중 코즈웨이베이 지점은 과거 홍콩 빙솟의 모습을 아기자기

하게 재현한 곳이기 때문에 전통 빙셧카페의 모습을 깔끔하게 경험하고 싶다면 이 지점을 강력하게 추천한다.

코즈웨이베이 지점에 들어서면 순간 홍콩의 화려했던 1950년대로 타임머신을 타고 이동한 느낌이 밀려든다. 인테리어부터 자그마한 소품까지 완벽하게 홍콩의 1950년대를 재현했기 때문이다. 팝아트 분위기가 나는 형광 주황색의 천장과 의자, 조악하면서 귀여운 장난감 모형, 수박과 사탕 모양의 화려한 풍선, 귀여운 그림이 수놓인 탁구채 메뉴판까지…. 음식점이라기보다는 홍콩의 복고 테마파크 같다. 벽에 붙은 과거 포스터와 신문기사들까지 꼼꼼히 탐색하다 보면 과거 빙셧이 홍콩의 대중문화에서 얼마나 큰 위상을 갖고 있었는지를 실감하게 된다.

인테리어뿐 아니라 맛 역시 복고풍이다. 1950년대 젊은이들이 데이트하며 즐겨먹었을 것 같은 서양식 퓨전 음식인데 묘하게 촌스럽다. 그중 커리야오난눙푸빠오咖喱牛腩農夫包는 마치 현대의 빠네파스타를 연상케 하는데 구성이 다소 독특하다. 뚜껑이 있는 둥근 빵 안에 밥과 커리를 넣고 위에는 피자치즈를 뿌려 구

커리야오난눙푸빠오

학야오

운 형태로 동서양이 융합된 나름 퓨전 요리다. 홍콩이 과거 영국의 식민지였고 당시 인도인들 역시 홍콩에 많이 유입되었다는 사실을 생각해봤을 때 빵과 커리, 밥이 섞인 이 퓨전 요리야말로 홍콩의 정체성을 상징하는 음식이지 않았을까 싶다. 묘한 조화이지만 은근히 맛은 훌륭하다. 빵과 밥은 절대 어울리지 않을 것 같지만 누룽지처럼 빵에 달라붙은 밥을 떼어먹는 재미가 쏠쏠하다. 쫄깃한 빵의 식감과 바삭한 누룽지의 식감이 의외로 어울린다. 무엇보다 커리 자체가 인도식 커리여서 빵에든 밥에든 훌륭하게 스며든다. 커리빵과 커리밥을 함께 먹는 느낌이랄까. 커리 안에는 갈빗살이 듬뿍 들어 있어 탄수화물인 빵, 밥과 함께 먹으면 매우 든든한 한끼 식사가 된다. 데이트 음식치고는 다소 헤비하지만 배고픈 20대 젊은이들에게는 아마 최고의 만찬이었을 것이다.

디저트로 1950년대 사람들이 즐겨먹던 학야오黑牛가 있다. 직역하면 '검은 소'라는 의미인데 실제 검은 색깔의 콜라 위에 초콜릿아이스크림이 올라간 음료수

다. 콜라에 초콜릿아이스크림이라니? 도무지 어울릴 것 같지 않지만 일본에서도 메론소다 위에 바닐라아이스크림을 올려 먹으니 그런 측면에서는 조금 납득이 갈 만하다. 그래도 얼음콜라 위에 아이스크림이 녹아내리는 광경을 보자니 맛이 의심되는 건 어쩔 수 없는 법. 잔뜩 의구심을 품고 한입 먹어봤는데 생각보다 꽤 맛있다. 한마디로 불량스러운 맛들의 조합이랄까. 결코 몸에는 좋지 않은 음식 같지만 초콜릿아이스크림의 묵직함과 콜라의 상쾌한 조화가 괜찮다. 한 컵을 모두 마시기에는 너무 달지만 어디서도 경험하지 못한 특별한 맛을 즐기고 싶다면 추천한다.

광둥식 바비큐의 모든 것

조이힝
再興
Joy Hing

INFO

ADD 灣仔軒尼詩道265-267號
TIME 09:30–22:00
일요일 및 공휴일 휴무
HOW TO GO
MTR 완차이灣仔
A4 출구 도보 5분
Google Map
22.278109, 114.176720

처음에는 이름조차 낯설었던 씨우랍은 광둥식 바비큐를 지칭하는 단어로 차'씨우'叉燒와 '랍'청臘腸의 줄임말이다. 차씨우는 큰 쇠꼬치에 돼지고기를 꽂아 소스를 발라서 화덕에 굽는 것을 뜻하며, 랍청은 중국식 소시지다. 즉 소스를 발라 화덕에 구운 돼지고기, 오리고기, 거위고기, 닭고기 등의 요리를 모두 지칭하여 씨우랍이라고 한다.

홍콩이나 광둥지역의 길거리를 돌아다니다 보면 오리 모가지들이 흉측하게 추욱 늘어져 걸려 있는 식당을 많이 볼 수 있는데 모두 씨우랍 음식점이다. 이 조리법으로 고급 애저구이새끼돼지구이인 위쥐乳豬부터 시작해서 차씨우청판叉燒腸粉과 같은 딤섬까지 다양하게 만들 수 있는데 그중 차씨우를 밥 위에 올린 차씨우덮밥은 마치 한국의 김치볶음밥처럼 간편하게 끼니를 때울 수 있는 음식으로 오랫동안 홍콩사람에게 사랑받고 있다.

조이힝은 홍콩에서 매우 유명한 씨우랍 맛집으로 무려 청나라 말부터 영업을 시작하였다고 하니 역사가 유구하다.

2015년에는 미슐랭 빕구르망에 선정되었고 심지어 미

쌈보우판

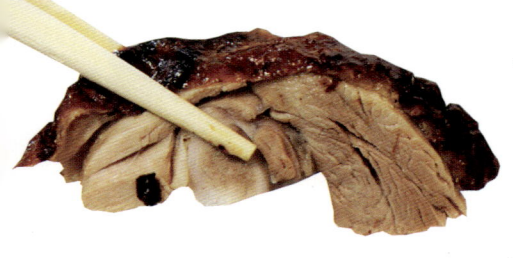

국 CNN에서는 '조이힝 레스토랑과 차씨우덮밥은 같은 말이라 해도 과언이 아니다'라고 소개했을 정도로 서구세계에 씨우랍 맛집으로 유명하다. 영업을 시작한 지 100년이 넘은 지금도 과거와 같은 방식으로 조리하며 고기를 굽는 화로 역시 1950년대 방식을 고수한다. 화로의 온도 측정도 온도기를 사용하지 않고 전적으로 조리사의 감에 의존하며, 양념은 40년 경력의 베테랑 조리사가 그날의 습도와 날씨에 맞춰 섞어 만든다.

이처럼 조이힝은 오랜 경험을 바탕으로 과거의 맛을 완벽하게 재현하는 것을 목표로 하기 때문에 체인점을 운영할 수 없는 구조다. 관광객은 전통방식의 씨우랍을 맛볼 수 있지만 굳이 조이힝을 찾아가야 하기 때문에 다소 번거로울 수 있다. 과연 여기까지 가서 전통방식의 씨우랍을 맛볼 필요가 있느냐는 질문에는 단연코 YES라고 답할 수 있다. 대만이나 중국, 홍콩 곳곳에서 씨우랍덮밥을 맛본 경험이 있는데 확실히 원조 씨우랍은 그 '클래스'가 다르다.

일단 씨우랍에 발린 소스조차 차별화된다. 보통 씨우랍 고기의 소스들이 간장맛만 느껴지는 반면, 이곳에서는 간장과 다진마늘, 삭힌 두부와 맛술 등이 들어가 그 맛이 더욱 풍부하고 깊다. 또 오리고기인 씨우압燒鴨, 닭고기인 야우까이油雞, 돼지고기인 차씨우叉燒를 골고루 맛볼 수 있는데 보통은 씨우랍 고기맛이 소스에 가려져 비슷해지지만 이곳에서는 세 고기의 맛과 식감이 모두 명료하다.

오리고기는 기름지면서 쫄깃하고, 닭고기는 마치 백숙처럼 부드러우면서 담백하며, 돼지고기는 바깥이 바삭하고 꼬들꼬들하면서 살코기는 부드럽다. 고슬고슬한 쌀밥과 함께 이 세 씨우랍의 다양한 맛을 즐길 수 있다는 것이 조이힝의 매력 포인트다. 밥 위에는 간장과 기름에 조린 다진파도 뿌려져 있어 고기의 느끼함을 잡아주며 다소 싱거울 때는 테이블 위 간장을 직접 뿌려 간을 맞추면 된다.

한 그릇을 뚝딱 다 먹고 나니 "씨우랍이 정말 원래 이런 맛이구나"라는 말

이 절로 나왔다. 그간 베이징이나 상하이 등지에서 먹던 씨우랍덮밥이 특별식으로 요리된 '외식'의 느낌이 강했다면 조이힝은 말 그대로 객기를 부리지 않은 담백한 '집밥'에 가까웠다.

조이힝의 화려하지 않고 담담한 씨우랍덮밥은 어떻게 보면 심심할 수도, 또 어찌 보면 실망스러울 수도 있다. 그러나 전통적으로 내려왔던 광둥식 씨우랍의 본래 맛을 경험해 보고 싶다면 조이힝만 한 대안이 없다.

여담으로 조이힝再興은 중국말로 '다시 부흥하라'라는 뜻을 담고 있다. 청나라 때부터 승승장구하던 이곳은 2차 세계대전 때 전쟁의 여파로 잠시 문을 닫았는데 종전 후 영업을 재개할 때 지금의 이름으로 바꾸었다고 한다.

100년이 넘는 광둥식 씨우랍의 맛을 그대로 재현하고 있는 조이힝의 새로운 부흥을 지켜보도록 하자.

분위기도 맛도 훌륭한 채식 레스토랑

오보카페
OVO Cafe

INFO

ADD 灣仔灣仔道1號
TIME 11:30-21:30
HOW TO GO
MTR 완차이灣仔
A3 출구 도보 3분
Google Map
22.274512, 114.174164

홍콩의 크리에이티브 라이프스타일 브랜드인 오보 OVO와 홍콩 바리스타 챔피언 펠릭스 웡Felix Wong이 함께 런칭한 브런치 식당이다. 오보그룹은 가구, 생활용품, 가드닝 관련 제품을 디자인하는데 이 카페가 위치한 건물 옆에는 오보홈OVO Home 매장이 있으며 오보카페에도 오보가든OVO Garden 제품이 함께 전시되어 있다. 맛뿐만 아니라 홍콩의 멋 역시 감상하기에 손색없는 곳으로 디자인에 관심 있는 사람이라면 한 번쯤 들러볼 법하다. 특히 실내 대부분이 녹색 식물로 뒤덮여 있어 마치 숲속에서 식사를 하는 듯한 분위기를 즐길 수 있다.

음식 역시 자연친화적이다. 유연한 베지테리언 레스토랑으로 채소와 치즈 중심으로 메뉴가 꾸려져 있는데 생각보다 맛이 정말 훌륭하다. 보통 베지테리언 푸드라고 하면 간이 싱겁고 무미건조한 음식을 떠올리지만 이곳은 채식주의자들뿐 아니라 일반사람도 음식의 맛 때문에 찾게 만드는 것을 목표로 하고 있다. "훌륭한 맛으로 즐거운 채식의 경험을 공유하자"가 바로 이 오보카페의 모토다.

가장 추천하는 메뉴는 마

올데이그린브랙퍼스트

르게리따또띠아피자Margherita tortilla pizza다. 언뜻 평범해 보이는 이 피자는 실제 들어가 있는 재료도 굉장히 일반적이다. 화덕피자에 치즈와 방울토마토를 올린 게 전부다. 그러나 한 번 먹어본 사람은 다들 '인생피자'라고 꼽을 만큼 수준이 훌륭하다. 일단 토마토가 너무나 맛있다. 보통 마르게리따피자에는 공산품 홀토마토를 쓰지만 '즐거운 채식'이 목표인 이곳에서는 굉장히 질이 좋은 생방울토마토를 올린다. 그래서 피자를 한입 베어물었을 때 입에서 톡 터지는 뜨거운 방울토마토의 식감과 단맛, 신맛의 조화가 황홀하다. 치즈 역시 수준급이다. 너무나 신선하고 쫄깃해 치즈와 토마토를 아울러 먹는 것만으로도 고급 요리를 먹는 듯한 느낌이다. 또띠아 빵 역시 바삭하면서 담백하게 잘 만들었다. 재료가 신선하니 단순해도 피자맛이 뛰어나다.

오보카페의 대표 메뉴인 올데이그린브랙퍼스트All Day Green Breakfast 역시 추천한다. 햄과 소시지 등 일반적으로 곁들여져 나오는 육류 종류는 없고 채식으로만 메뉴를 꾸

마르게리따또띠아피자

식물 인테리어가 돋보이는 오보카페 내부

렸다. 오믈렛, 토마토, 버섯, 루꼴라, 크루와상, 빈 등으로 구성되는데 이 역시 피자처럼 재료 자체가 매우 신선해 육류를 먹지 않아도 충분히 만족스럽다. 특히 오믈렛은 마치 고급 호텔의 전문 요리처럼 보들보들한 식감이 일품이다. 단순한 메뉴이지만 조리에도 충분히 신경 쓰고 있음을 알 수 있다. 표고버섯의 향미가 매우 강해 표고버섯과 오믈렛을 함께 먹었을 때 궁합이 좋다. 루꼴라는 알싸한 향이 입안에서 가득 퍼진다. 숲속 분위기에서 자연에 가까운 채식 한끼, 몸과 마음이 리프레시되는 느낌에 식사 그 이상의 만족감을 한껏 충전받을 수 있다.

이처럼 오보카페는 식기나 인테리어 등 디자인 수준이 굉장히 높고 맛 역시 훌륭하여 홍콩에서 브런치를 즐기고 싶다면 일순위로 추천하는 카페다. 홍콩의 크리에이티브 브랜드 오보와 함께 즐거운 채식의 경험을 공유해보자.

마성의 베이풍통 스파이시크랩

언더브리지 스파이시크랩

橋底辣蟹
Under Bridge Spicy Crab

INFO

ADD 銅鑼灣駱克道391號
TIME 11:00−01:00
HOW TO GO
MTR 코즈웨이베이銅鑼灣
C 출구 도보 5분
Google Map
22.279671, 114.180036

쭈파이큐다이락하이

홍콩 가이드북을 보면 꼭 홍콩의 명물로 '스파이시크랩'을 소개한다. 언더브리지스파이시크랩은 홍콩에서도 유명한 크랩 전문점으로 홍콩에 미식투어를 갔을 때 꼭 들러야 하는 곳 중 하나다. 언더브리지Under Bridge라는 이름을 갖게 된 연유는 정말 이 가게가 처음에 다리 아래서 영업을 했기 때문이다. 시작은 허름한 포장마차였지만 큰 인기를 얻으며 정식으로 터를 잡아 운영을 하였다.

이 집의 간판 메뉴는 역시 비풍당으로 잘 알려진 베이풍통避風塘 스타일의 게요리인 쭈파이큐다이락하이 招牌橋底辣蟹다. 마늘과 고추를 이용한 양념에 게를 볶아 매콤하면서도 짭짤해 한국사람 입맛에 매우 잘 맞는다. 사실 게 자체는 한국의 게가 훨씬 더 실하지만 양념이 워낙 맛있고 짭짤해 먹다 보면 맥주와 쌀밥이 간절해진다. 한국에서는 간장게장이 밥도둑이라면 홍콩에서는 스파이시크랩이 그 역할을 하는 셈이다. 심지어 스파이시크랩의 양념만 남자 포장하여 한국 가서 후리카케처럼 뿌려먹을까도 생각했으니 그 중독성은 엄청나다.

베이풍통비비굇

크랩 외의 요리들도 나쁘지 않다. 워낙 양념을 잘하는 집이기에 매콤한 양념이 베이스인 다른 메뉴를 시키면 모두 평타 이상이다. 그중 돼지갈비를 양념에 버무린 **베이풍**

통비비꽛避風塘BB骨은 술안주로 손색이 없다. 한국의 깐풍치킨처럼 매콤한 소스에 돼지고기를 잘 버무려 중독성 있게 만들어놓았다. 소스가 게나 치킨뿐 아니라 돼지고기에도 잘 어울리는 것이 신비롭다. 진정한 만능소스인 셈이다.

매운 양념이 아닌 음식으로 추천하는 메뉴는 줄기콩 볶음인 람초이깐핀쎄이꽈이따우欖菜干扁四季豆다. 줄기콩을 기름으로 휘릭 볶았는데 콩의 아작아작함이 잘 씹히면서 불맛도 화악 풍겨오는 것이 일품이다. 다른 메뉴들의 간이 강하여 입이 짤 때 이 음식을 먹으면 나름 중화가 된다. 스파이시한 메뉴를 시켰다면 이 음식도 함께 주문해보기를 권한다.

홍콩에서 스파이시크랩 요리를 찾는 사람이라면 여기는 꼭 가보기를 권한다. 다만 간이 생각보다 무척 세다는 걸 유념해두시길!

람초이깐핀쎄이꽈이따우

새콤한 맛의 걸죽한 쒼라통

홍콩의 훌륭한 기념품

에그롤퀸
蛋卷皇后
Eggroll Queen

INFO

ADD 銅鑼灣堅拿道西24-25A號
TIME 11:00~20:00
HOW TO GO
MTR 코즈웨이베이銅鑼灣
A 출구 도보 5분
Google Map
22.277083, 114.180916

홍콩 여행 기념품으로 사람들은 보통 키와베이커리奇華餅家, 제니베이커리珍妮曲奇 등에서 쿠키류를 사온다. 그러나 홍콩에는 쿠키 외에도 '에그롤'이라는 좋은 기념품 과자가 있다. 에그롤은 달걀과 버터와 밀가루로 만든 과자로 마치 한국의 롤리폴리와도 같은 모양과 식감이다. 물론 롤리폴리처럼 초콜릿맛이 아니라 오로지 달걀맛만 느껴지지만 담백하면서 달달한 티^{Tea} 타임용 과자로 손색이 없다.

지금 소개하는 에그롤퀸은 홍콩의 에그롤집 가운데에서 후한 평가를 받는 곳으로 유서 깊은 에그롤 베이킹 노하우를 갖고 있다. 에그롤을 처음 만든 사람은 홍콩의 한 평범한 가정주부였는데 실력을 인정받아 업체에 납품까지 하였다. 아쉽게도 끝내 자기 점포를 내지 못했고 이러한 어머니의 아쉬움을 안 아들이 2000년대 초에 어머니의 레시피로 에그롤 점포를 차리며 현재까지 이어오고 있다.

바삭바삭하면서도 달걀의 고소함이 확 풍겨오는 이 에그롤은 확실히 시중의 공산품과는 차원이 다르다. 첫입에는 심심한 듯싶지만 먹을수록 묘한 중독성이 있고 자극적이지 않아 어린이들과 함께 먹기 좋다. 바삭한 식감이나 담담한 뒷맛 덕분에 차나 커피와 함께 먹었을 때 궁합이 좋다. 매장에서는 시식으로 작은 조

각들을 주는데 확실히 작은 조각으로 먹었을 때와 통으로 베어 물었을 때의 느낌이 완전히 다르다.

여러 맛 중에 오리지널 달걀맛인 **가형신까이딴균**家鄉鮮雞蛋卷과 코코넛향이 담긴 **신제이짭까이딴균**鮮椰汁雞蛋卷 두 가지 맛이 메인인데. **가형신까이딴균**은 고소한 달걀맛과 버터맛이 배어 있고 신제이짭까이딴균은 특유의 시원한 향미가 있다. 둘 다 개성적인 맛인데 가급적 오리지널부터 먹어보기를 추천한다.

틴케이스 역시 예쁘면서도 내구성이 좋아 캐리어에 담아오더라도 웬만하면 부서지지 않는다. 혹여 이동 중에 에그롤이 부서질까 봐 주저하는 사람이라면 안심해도 좋다.

핸드메이드 우유푸딩
이슌밀크컴퍼니
義順牛奶公司
Yee Shun Milk Company
INFO
ADD 銅鑼灣駱克道506號
TIME 12:00-23:00
목요일 휴무
HOW TO GO
MTR 코즈웨이베이|銅鑼灣
C 출구 도보 1분
Google Map
22.280540, 114.183204

홍콩에서 우유푸딩으로 가장 유명한 이슌밀크컴퍼니는 본점이 마카오에 있으며, 홍콩 코즈웨이베이에 있는 지점이다. 이곳에 가면 다양한 메뉴 중에서도 사람들이 하나같이 기본 메뉴인 따뜻한 우유푸딩 홍치맹선페이단나이(익)馳名雙皮燉奶(熱), 그리고 차가운 초콜릿푸딩 향눙쥐구래단나이(둥)香濃朱古力燉奶(凍)을 시킨다.

그런데 푸딩이 따뜻하다니? 차갑고 달달한 푸딩에만 익숙해져 있는 우리에게 따뜻한 푸딩이라는 단어조차 낯설다. 그러나 실제 푸딩의 제조 과정을 살펴보면 우유를 끓여서 만들기 때문에 따뜻할 수밖에 없다. 지금 우리가 먹는 푸딩은 차갑게 식힌 것이다. 이곳은 냉동고에 들어가기 전 상태 그대로 우리에게 내는 진짜 '핸드메이드' 우유푸딩을 판매한다. 온도가 따뜻할 뿐, 푸딩 특유의 흐물흐물한 식감이나 달달한 맛은 변함이 없다. 따뜻한 상태라 마치 순두부를 떠먹는 듯한 느낌이다. 우리가 흔히 먹는 인위적인 달콤한 맛의 푸딩과 다르게 우유의 고소한 맛이 강하다. 아무것도 첨가하지 않은 우유와 설탕, 그리고 달걀흰자 그 자체를 먹는 느낌이랄까. 맛이 꾸밈이 없고 맑아 한 번쯤 이색 푸딩으로 먹어볼 법하다.

차가운 초콜릿푸딩 역시 자극적이지 않다. 보통 초콜릿푸딩이라고 하면 달콤하고 진한 맛을 떠올리지만 이곳의 푸딩은 훨씬 옅고 깔끔하다. 다른 초콜릿푸딩이 초콜릿을 넣고 중탕한 느낌이라면 여기는 마치 우유에 잘 갠 달콤한 코코아파우더를 굳힌 느낌이랄까. 그렇다고 해서 맛이 너무 밍밍하지도 않다. 오히려 인공적이지 않아 이곳의 초콜릿푸딩을 더 좋아하는 사람도 있다. 혹자는 '엄마가 집에서 만들어준 푸딩맛'이라는 표현을 썼는데 실제로 여기서 푸딩을 먹다 보면 왠지 모르게 타지에서 집 생각이 난다.

향농취구래단나이(둥)

물론 서양식 디저트같이 입안을 가득 채우는 달콤한 푸딩을 생각하는 사람에게는 이곳이 실망스러울 수 있다. 허름한 공기대접에 순두부같이 물컹한 우유 덩어리가 덩그라니 올려져 있는 것을 목격하면 과연 내가 알고 있는 푸딩이 맞나 혼란스럽다. 그러나 이곳에서 푸딩을 먹어보면 옛날 중국사람도 이런 식으로 우유 끓인 것을 먹었겠구나 하는 생각이 든다. 실제 우유푸딩은 중국 쑨더順德지역의 한 농부가 냉장시설이 없어 우유의 저장방식을 고안하다가 우유를 한 번 끓이고 식힌 데에서 유래했다고 한다. 이 형태가 지금의 홍콩까지 전래된 것으로 이곳은 그 전통방식을 아주 잘 보존하고 있는 집이다.

훙치맹션페이단나이(익)

우유푸딩 특유의 깔끔한 맛뿐 아니라 옛날 사람이 우유를 먹었던 방식을 체험해본다고 생각하면, 이슌밀크컴퍼니는 홍콩 시내에서 가볼 만한 아주 의미 있는 푸딩집이다.

CHAPTER 3
침사추이
조던

홍콩 최후의 디저트

파인푸드
帝苑餅店
The Royal Garden Fine Foods

INFO

ADD 尖沙咀麽地道69號
TIME 11:00-20:00
HOW TO GO
MTR 이스트 침사추이尖東
P2 출구 도보 3분
Google Map
22.298456, 114.177803

홍콩은 디저트 천국이다. 과거 영국의 식민지였기에 티와 곁들이는 디저트 문화가 발달했으며 그 수준 역시 높다. 여기에 중국 특유의 화려함이 반영되어 꾸밈새도 매우 멋지다. 그러나 아쉽게도 많은 디저트 가게가 겉모습에 비해 맛은 평범하다. 치장에만 정신이 팔려 정작 맛의 본질은 잃어버린 셈이다.

그러나 지금 소개하는 이 집은 모양뿐 아니라 맛 역시 탁월한 곳으로, 개인적으로 홍콩의 디저트집 중 가장 먼저 손에 꼽는 곳이다. 사실 여기서 케이크를 한두 가지만 시켜 나눠 먹으려고 했는데 웬만해서는 향후 10년간 이런 고강한 디저트집은 절대 발견하지 못하겠다 싶어 냅다 내리 대여섯 가지 케이크를 먹어버렸다. 그러나 다 먹고도 입에 기분 나쁜 달짝지근함이 남지 않으니 정말 훌륭한 내공을 지닌 집이다.

사실 이렇게 여러 종류를 먹은 까닭은 디저트 자체가 너무 맛있어서도 있지만, 각각 너무나 특색 있게 맛이 달랐기 때문이다. 보통 디저트를 세 개쯤 먹으면 같은 종류의 크림, 당의 반복으로 질리기 마련인데 여기는 놀랍게도 그 많은 케이크마다 크림의 질감이 제각각

다르다. 심지어 케이크마다 온도도 다르다. 많이 차가워야 맛있는 게 있고, 또 너무 차가우면 맛이 없는 게 있는데 이곳은 각각의 케이크 특성에 맞춰 온도를 다르게 해서 낸다. 한마디로 하나의 케이크가 가져야 하는 이상적인 맛을 최선으로 구현한 셈이랄까.

일단 이곳에서 가장 유명한 메뉴는 청사과치즈케이크Green Apple Cheese Cake이다. 외국인 관광객이 이곳에 와서 가장 많이 먹는 디저트인데 모양뿐 아니라 맛도 예술이다. 처음에는 사진 찍느라 정신없는데 먹다 보면 또 먹느라 정신없다. 청사과 모양의 이 케이크는 껍질은 화이트초콜릿으로 되어 있다. 이 껍질을 깨면 안에 크림치즈와 다진 사과, 쿠키 크럼블이 함께 있다. 부순 화이트초콜릿을 잘 섞어 크림치즈와 함께 떠먹으면 정말 황홀하다. 단연코 이 집의 간판 메뉴라 할 수 있다.

장미향 마카롱 사이에 라즈베리를 넣은 로즈마카롱Rose Macaron 역시 훌륭하다. 보통 장미 디저트는 장미향에서 화장수맛이 난다고 싫어하는 사람도 있다. 그런데 여기는 화장수 냄새가 강하지 않고 은은한 꽃향기가 난다. 안에 든 라즈베리와 크림도 매우 잘 어울려 말 그대로 장미 한 송이를 먹는 느낌이다.

가장 기본적인 치즈타르트Cheese Tart 역시 맛있다. 갓 구워진 것처럼 따뜻한 상태로 주는데 치즈가 아니라 슈크림같이 입에서 부드럽게 녹아내리는 식감이 일품이다. 입에 따뜻한 크림이 꽉 차는 게 황홀하다.

특히 우리가 한국에서도 흔히 접할 수 있는 티라미수Tiramisu를 먹으면 이 집의 내공이 확 다가온다. 일단 티라미수 특유의 느끼함이 전혀 없다. 커피 시트가 매우 진하면서 크림이 정말 부드럽다.

청사과치즈케이크

로즈마카롱

의외로 크림은 꾸덕하다기보다 가벼웠는데 입안에서는 그저 가볍지만은 않았다. 티라미수를 먹는 순간 '이 집은 크림을 진짜 잘 만드는구나'를 느꼈다. 한마디로 케이크마다 다른 결의 크림을 만들 줄 안다.

몽블랑Montblanc도 꼭 먹어봐야 하는 메뉴다. 살면서 그 어디에서도 못 먹어본 몽블랑이다. 몽블랑은 좋은 맛을 내는 게 어려운 메뉴다. 보통은 밤맛 때문에 퍽퍽해지거나 또는 크림이 과해 느끼해지기 쉽기 때문이다. 그래서 몽블랑 잘하는 집은 케이크도 맛있게 만든다. 이곳의 몽블랑은 특별한데 일단 맛이 3중주로 흐른다. 첫맛은 밤의 고소함이 느껴지고 두 번째는 달콤함, 세 번째는 알코올의 알싸함이 입안에 퍼진다. 꿀에 절인 밤을 오독오독 씹는 것도 재밌다. 전반적으로 케이크에서 굉장히 고급스럽고 중후한 맛이 난다. 디저트의 단맛을 별로 좋아하지 않는 사람도 이 몽블랑을 먹어보면 그 오묘한 맛에 감탄할 것이다.

밀푀유

티라미수

그 외에도 이곳에서는 초콜릿 케이크나 밀푀유를 비롯해 다양한 종류의 케이크를 맛볼 수 있었는데, 놀랍게도 그 어느 하나 빠짐없이 모두가 뛰어난 맛과 정교한 완성도를 자랑했다. 단순히 보기 좋은 수준을 넘어서, 한 입 베어 무는 순간부터 입 안에서 퍼지는 풍미와 질감의 조화가 감탄을 자아낼 정도였다. 특히 개인적으로는 청사과 무스 케이크, 몽블랑, 그리고 로즈 마카롱은 꼭 한 번쯤 직접 맛보시기를 강력히 추천드리고 싶다. 각각의 디저트가 지닌 독창적인 향미와 균형감 있는 단맛, 그리고 섬세한 디테일은 다른 곳에서는 좀처럼 경험하기 어려운 수준이었다.

참고로, 이곳의 디저트를 제대로 즐기고 나면 이후에는 웬만한 다른 디저트 가게의 메뉴가 아무리 정성스럽게 만들어졌더라도 그다지 큰 감흥이 느껴지지 않을 수 있으니, 이 가게를 홍콩 디저트 여행의 시작점보다는 마지막 종착지로 남겨두시는 편이 좋을 듯하다. 그래야만 이곳의 디저트가 가진 진정한 특별함을 온전히 느끼며 여정을 마무리할 수 있을 것이다.

몽블랑 나비파이

속풀이로 좋은 운남식 쌀국수

싱람궤이
星林居
Sing Lum Khui

INFO

ADD 尖沙咀金馬倫道14號
TIME 11:00-23:00
HOW TO GO
MTR 침사추이尖沙咀
B2 출구 도보 1분
Google Map
22.298764, 114.173579

홍콩에서 매우 유명한 운남쌀국수 전문점이다. 과거 홍콩의 요리대결대회香港明火食神爭霸戰에서 싱람궤이의 대표 겸 오너 셰프가 대거 참여한 유명 호텔 셰프들을 제치고 '운남쌀국수와 신'으로 수상을 하며 유명세를 타기 시작했다.

식당은 건물 3층에 위치해 있는데 계단 입구를 찾는 것이 쉬운 편이 아니지만 계단을 올라가다 보면 휘황찬란한 각종 상패들이 걸려 있기에 맞게 싱람궤이를 찾아왔음을 알 수 있다. 매장에 들어서면 외국인이 반은 넘는 듯한데 백종원의 〈3대천왕〉과 〈신서유기〉 등에 방영되어 한국인 관광객 역시 쉽게 찾아볼 수 있다.

그러나 이곳의 주문 시스템은 외국인 관광객에게는 다소 복잡하다. 자리에 앉으면 주문서를 건네주는데 주문서의 위쪽에는 H1과 H2 중 하나를 고르고 A부터 E까지 본인이 원하는 대로 조합해서 먹는 방식이다물론 영어가 병기되어 있다. 여기서 H1은 운남쌀국수이고 H2는 비빔쌀국수인데, 탕인 H1이 싱람궤이의 대표 메뉴이기에 처음 간다면 H1부터 먹어보는 것이 좋다. A는 재료, B는 준비된 구성, C는 매운 정도, D는 시큼한 정도, E는 개인 맞춤 내용이다. E11은 '고수 제외'이기 때문에 고수에 거부감이 있는 한국인이라면 여기에 체크하자.

H1 쌀국수에는 표고버섯, 양상추, 삼겹살, 무가 들어가는데 국수의 양이 무척 많다. 그

릇에 재료와 국수, 국물이 넘치기 일보 직전으로 담겨 있는데 양상추는 여기에 더 들어가지 못해 아예 딴 그릇에 담겨 나왔다. 취향별로 선택해 먹을 수 있기에 맛의 스펙트럼이 넓은 편이지만 전반적으로 얼큰하고 칼칼하고 새콤함도 감돌아 입맛을 돋운다. 국수는 두껍고 부드러운 편인데 재료와 국수에 국물의 맛이 잘 배어 있어 부담 없이 술술 넘어간다. 다만 쌀국수맛이 한국과 다르게 얼얼하면서 얼큰하고 새콤하기보다는 시큼하여 호불호가 극명하게 갈릴 수 있다.

마실 것은 한레착咸檸七을 주문하였다. 한레착은 소금에 절인 레몬이나 라임에 세븐업을 넣은 음료로 홍콩에서는 더워서 땀을 자주 흘리기에 이처럼 소금기가 있는 음료도 흔하게 마시는 편이다. 보통 한 달 이상 절인 레몬을 사용하기 때문에 과일 장아찌에서 느낄 수 있는 시큼한 맛이 음료에 감돈다.

홍콩에서도 분명 유명한 집이지만 방송을 타며 한국인에게 특히 유명해진 게 아닌가 싶다. 맛의 호불호가 극명하게 갈리기에 주의가 필요하지만 한국에서 맛볼 수 없는 계열의 쌀국수를 경험해보고 싶다면 추천하는 집이다.

H1쌀국수

PAUL LAFAYET
PÂTISSERIE FRANÇAISE

> 도자기에 담긴
> 고급진 크렘브륄레
>
> # 폴라파예트
> Paul Lafayet
>
> INFO
>
> **ADD** 尖沙咀河内道18號
> **TIME** 12:00-22:00
> **HOW TO GO**
> MTR 침사추이尖沙咀
> N2 출구 도보 1분
> **Google Map**
> 22.297704, 114.173543

홍콩의 유명 마카롱&크렘브륄레 전문점으로 현지인에게는 가성비 좋은 디저트 가게로 유명하다. 세계적인 호텔 체인인 인터콘티넨탈의 제빵사였던 토니 유네Toni Younes가 중심이 되어 오픈한 곳으로 크렘브륄레를 언제나, 누구든 맛보게 하는 것이 이 집의 가장 큰 목표다. 실제 이곳은 현지인이나 관광객이나 크렘브륄레를 사려는 사람들로 인산인해를 이룬다.

크렘브륄레는 커스터드크림 위에 설탕을 올리고 토치 등을 이용해 캐러멜라이징한 프랑스 디저트로, 달콤한 크림과 바삭하고 쌉쌀한 설탕맛을 함께 느낄 수 있는 것이 특징이다. 사실 적당한 크렘브륄레의 맛을 잡아내는 곳은 그리 흔하지 않은데 여기는 크렘브륄레를 메인으로 하는 곳인 만큼 그 어느 곳보다 완벽한 크렘브륄레의 맛을 경험할 수 있다. 보통의 크렘브륄레보다 훨씬 더 커스터드크림이 보들보들하면서 캐러멜의 바삭한 맛이 잘 살아 있다. 크렘브륄레의 식감을 최상으로 구현한 집이다.

특히 이 집은 크렘브륄레가 담긴 사기그릇이 유명하다. 어떤 사람들은 이 사기그릇이 갖고 싶어 크렘브륄레를 구매할 정

다양한 마카롱과 케이크를 판매하는 매장

도로 단단하면서 완성도 있는 사기그릇은 홍콩의 소소한 기념품으로 챙겨갈 만하다(크렘브륄레를 사면 사기그릇을 가져갈 수 있다).

마카롱 역시 추천할 만하다. 물론 한국에도 맛있는 마카롱 가게가 많지만 이곳에서는 정석으로 만들어진 마카롱을 경험할 수 있다. 마카롱이 작지만 밸런스가 좋아 고급스러운 맛을 내며 한입 베어물었을 때도 끈적이지도, 부서지지도 않아 식감 역시 좋다. 매우 다양한 맛이 존재하는데 전반적으로 맛이 은은하여 호불호 없이 누구나 좋아할 만하다. 현재 폴라파에트는 홍콩에 열 개가 넘는 매장을 운영 중인데 침사추이 백화점 K11 1층에서 가장 쉽게 찾을 수 있다.

홍콩 여행을 다녀온 사람들마다 선물로 사오는 쿠키가 있다. 바로 '제니쿠키'로 틴케이스 위에 곰돌이가 그려진 게 특징이다. 사실 처음에는 왜 홍콩까지 가서 이런 서양식 쿠키를 사오나 싶었지만 한 번 먹어보면 멈출 수 없는 마성의 쿠키다. 실제 인터넷을 찾아보면 쿠키를 사서 돌아오는 지하철에서 얼마나 맛있나 싶어 하나만 먹어볼까 했다가 한 통을 다 비워버렸다는 경험담이 수두룩하다.

이 마성의 쿠키를 만든 사람은 제니Jenny. 본래 말레이시아 화교인데 영문명으로 제니를 써서 제니쿠키라 이름짓고 2005년 홍콩에 점포를 열었다. 테디베어의 광팬이었던 제니는 본인의 취향에 따라 케이스에 곰돌이를 그려넣었다. 처음에는 광고나 홍보를 전혀 하지 않았기 때문에 당연히 제니쿠키의 판매는 저조했다. 하지만 누구나 맛있는 음식은 알아보는 법. 그때부터 맛이 남달랐던 제니쿠키는 점차 입소문을 타더니 10년이 지난 지금 아침 일찍 가지 않으면 살 수 없는 홍콩의 명물이 되었다. 심지어 폐점시간이라는 게 따로 없어 그날 다 팔리면 그때가 영업 종료시간이다. 그러나 명성에 비해 제니쿠키의 종류는 매우 단출하다. 기본 쿠키 세트 구성이 버터쿠키牛油花, 숏브레드脆牛油, 레이즌오트燕麥提子, 커피버터쿠키咖啡花 이렇게 네 가지다. 최근에는 넛쿠키, 아몬드쿠키, 파인애플롤 역시 판매하나 역시 기존 네 종류가 가장 인기가 좋다. 각 쿠키마다 단품도 판매하지만 대부분의 사람이 네 종의 쿠키가 함께

한번 맛보면 멈출 수 없는 마성의 쿠키

제니베이커리
珍妮曲奇
Jenny Bakery

INFO

ADD 尖沙咀彌敦道54-64號
TIME 10:00~19:00
HOW TO GO
MTR 침사추이尖沙咀
N5 출구 도보 1분
Google Map
22.297242, 114.172636

107

든 오리지널 쿠키 4종 믹스4 Mix Butter Cookies를 구입한다. 쿠키마다 맛이 제각기 달라 물리지 않게 먹으려면 4종 믹스를 사는 게 가장 합리적이다. 개중 누구나 가장 맛있게 먹는 쿠키는 버터 쿠키다. 쿠키에 버터를 듬뿍 넣었는지 아주 부드럽고 한입 베어물면 입안에서 사르르 녹는다. 거기다 쿠키 자체의 두께도 도톰해 맛이 매우 고급스럽고 묵직하다. 먹다 보면 자꾸 손이 가서 이래서 사람들이 그토록 제니쿠키를 찾는구나 단박에 이해가 간다. 특유의 버터리한 향 때문에 씁쓸한 홍차랑 함께 먹을 때 가장 궁합이 좋으니 유혹에 못 이겨 지하철에서 몽땅 다 먹지 말고 집에서 느긋하게 차와 함께 먹기를 권한다.

간혹 이 제니쿠키의 틴케이스를 모으는 사람도 있다. 틴케이스에 그려진 곰돌이 일러스트는 시즌이나 명절 때마다 바뀌는데 하나같이 귀엽고 아기자기해 소장 욕구를 불러일으킨다. 뿐만 아니라 충격에 연약한 쿠키가 한국에 올 때까지 제 모습을 유지할 만큼 틴케이스의 내구성 역시 튼튼하다. 그래서 많은 한국사람이 이 제니쿠키를 다 먹고 틴케이스를 약상자나 필통 등으로 재활용한다. 맛뿐 아니라 패키지 역시 완벽하다.

참고로 홍콩을 돌아다니면 길거리 노점상에서 파는 곰인형이 그려진 틴케이스에 담긴 쿠키를 굉장히 많이 볼 수 있다. 그러나 이것은 모두 짝퉁으로 제니쿠키 정품은 오로지 직영점에서만 판매한다. 만약 제니쿠키의 긴 줄을 감내할 자신이 없다면 한국 온라인 쇼핑몰에서 직수입한 제니쿠키를 구입하자. 그러나 매장에 물량이 많고 직원도 많아 전반적으로 줄이 빨리 빠지는 편이니 홍콩에 왔으면 제니쿠키 하나쯤은 꼭 기념품으로 구입해보자. 후회하지 않는 기념품 선물이 될 것이라 확신한다.

오늘 조식은 스크램블드에그

오스트레일리아 데어리컴퍼니
澳洲牛奶公司
Australia Dairy Company

INFO
ADD 佐敦白加士街47-49號
TIME 07:30-22:00
목요일 및 공휴일 휴무
HOW TO GO
MTR 조던佐敦
C2 출구 도보 1분
Google Map
22.304549, 114.170507

홍콩의 로컬 레스토랑인 차찬텡이 시대와 함께 사라지는 추세인 가운데 그 기세를 잃지 않고 현지인들로 문정성시를 이루는 차찬텡이 있다. 그 이름은 오스트레일리아데어리컴퍼니Australia Dairy Company, 한국에서 '호주우유공사'라는 이름으로 더욱 유명하다. 홍콩 조던에 위치한 이 차찬텡은 1970년부터 영업을 시작했다. 이름이 이렇게 엉뚱한 이유는 이곳의 주인장이 1940년대 호주에서 농장일을 했기 때문이다. 그는

차우단또시

팥빙수를 녹인 것 같은 음료, 원용뺑

홍콩에 돌아온 후에도 호주의 맛을 잊지 않고 점포를 내 서양식 조식을 선보였는데 당시 서양문물이 활발하게 들어왔던 홍콩에서 큰 인기를 얻었다.

엄청난 웨이팅과 달리 이곳에서 유명한 메뉴는 꽤나 단출하다. 스크램블드에그와 토스트가 함께 나오는 차우단또시炒蛋多士, 마카로니수프 통판通粉뿐이다. 사실 홍콩에서 너무나 흔한 조식 메뉴인 스크램블드에그와 토스트를 먹으려 이렇게까지 줄을 서야 하나 싶어 기다리면서도 계속 의심이 가지만, 스크램블드에그를 입에 넣으면 과연 이렇게 유명한데는 이유가 있었구나 싶어 고개를 끄덕거리게 된다.

적어도 스크램블드에그만큼은 고급 호텔 등지에서 먹어보았던 것보다 훨씬 내공이 깊다. 입에 넣자마자 부드러운 스크램블드에그가 목구멍으로 호로록 빨려들어가는데 좋은 버터와 신선한 달걀을 쓴 듯 맛이 풍성하다. 적당히 촉촉하면서 단단한, 완벽한 식감과 적당한 염도까지 고작 스크램블드에그로 이렇게까지 경지에 오를 수 있나 싶어 일순 주인장에게 존경심마저 갖게 된다.

토스트가 곁들여 나오는데 현지인은 여기

푸오퇴통판

에 스크램블드에그를 끼워 먹는다. 그러나 빵은 상당히 평범하기 때문에 스크램블드에그만 즐기기를 권한다. 햄마카로니인 푸오퇴퉁판火腿通粉은 전형적인 홍콩의 조식이다. 가늘게 채 썬 햄이 고명으로 올라가 있고 푹 익은 마카로니는 닭국물과 함께 슴슴하니 떠먹기 좋다. 마카로니가 국물을 흡수해 호록호록 떠먹는 재미가 있지만 사실 왜 이렇게 홍콩사람이 아침으로 마카로니수프를 먹는지는 아직도 모르겠다.

디저트로는 달걀흰자 우유푸딩 단바단신나이蛋白燉鮮奶를 추천한다. 한국인이 많이 가는 홍콩 푸딩집, 이슌밀크컴퍼니에서 먹던 맛과 유사하나 조금 더 비릿하다. 뜨거운 맛과 차가운 맛을 선택할 수 있는데 현지인은 대부분 뜨거운 푸딩을 수프처럼 훌훌 떠먹는 편이다. 사실 차가울수록 우유의 비릿함이 많이 느껴지기 때문에 현지인을 따라 뜨거운 푸딩으로 먹는 것을 추천한다.

참고로 이곳은 기다린 시간에 비해 먹는 속도는 무척이나 빠르다. 실제 주문하고 메뉴가 나오는 데 2~3분 정도가 걸려 광속찬光速餐빛과 같은 속도의 식사이란 별명이 붙은 집이다. 일반 손님의 식사가 10분 정도에 끝나니 더 뭉갰다가는 주인장의 타박을 받을 수 있다. 다 먹으면 눈치껏 나오도록 하자.

생강푸딩. 향짭단까이단

단바단신나이

커피와 밀크티를 반반 섞은 원용차

홍콩 속의 마카오

마카오 레스토랑
澳門茶餐廳
Macau Restaurant

INFO

ADD 尖沙咀樂道40-46號
TIME 07:00-18:00(일-목)
07:00-21:30(금-토)
HOW TO GO
MTR 침사추이尖沙咀
A1 출구 도보 1분
Google Map
22.297812, 114.171451

홍콩여행에서 마카오 일정이 없다면 추천하는 마카오 레스토랑이다. 물론 현지인의 평가는 살짝 박한 편이다. 우리나라도 명동의 관광객 대상 한식집은 가지 않는 것처럼 홍콩사람도 마카오 음식을 먹으러 굳이 이곳까지 방문하지 않는다. 즉 현지 맛집이 아니라 관광객 맛집인 셈이다. 그렇기 때문에 관광객이 읽기 쉬운 사진 메뉴판을 구비하고 있고 침사추이 관광지에 가까이 있어 찾기도 쉬워 마카오의 맛이 궁금한 사람이라면 한 번쯤 시간 내어 가볼 법하다.

마카오 레스토랑답게 포크번 쮜빠빠오猪扒包가 가장 인기 메뉴다. 마카오에 가면 누구나 한 번쯤은 먹어본다는 쮜빠빠오는 짧은 바게트에 돼지갈비를 끼운 샌드위치로, 이곳에서 쓰는 빵은 마카오 현지에서 공수해오기 때문에 현지의 맛과 거의 차이가 없다. 돼지갈비와 바게트의 단순한 조합이지만 돼지갈비 간이 짭짤하게 잘되어 있고 먹기 좋게 튀겨 의외로 담백한 빵과 밸런스가 좋다. 빵과 고기를 함께 먹을 수 있어 든든한 식사용 음식으로도 손색이 없다. 갈비의 뼈부분이 함께 조리되기 때문에, 먹을 때 조심해야 한다. 참고로 이 쮜빠빠오는 하루에 200개만 판매하기 때문에 가급적 빨리 가서 시켜보기를 권한다.

쮜빠빠오

마카오식 에그타르트 퍼타葡撻 역시 마카오에 가지 않는다면 한 번쯤은 꼭 시켜보기를 권한다. 흔히 홍콩식 에그타르트와 마카오식 에그타르트로 나뉘는데, 홍콩식이 쿠키 반죽에 푸딩 같은 커스터드가 들어간 것이라면 마카오식은 페이스트리 같은 바삭한 빵에 커스터드를 올려 굽는다. 그래서 마카오식이 조금 더 버터리하고 달달하다. 사실 많은 사람의 입맛에는 마카오식이 더 잘 맞는 편인데 홍콩에서는 마카오 에그타르트를 제대로 맛볼 수 있는 곳이 많지 않다. 그 중에 이 레스토랑은 정통 마카오 에그타르트를 판매하는 곳으로 홍콩 에그타르트를 먹어본 사람이라면 마카오식도 한번 비교하며 먹어보자.

쭈파이커리야오난招牌咖喱牛腩은 커리에 소 양지살이 올려져 나오는데 커리 향신료맛이 매우 강하며 중국의 오향 역시 섞여 있어 이국적인 맛을 자아낸다. 고슬고슬한 동남아 쌀인 안남미로 지은 밥과 무척 잘 어울리는 요리다.

깐차우야오호

레몬소금절임 스프라이트 함넹멍쉬빼

퍼타

레몬콜라, 넹멍호록

쭈파이커리야오난   깐차우야오호

볶음국수인 깐차우야오호乾炒牛河 역시 어디서 맛보든 맛있는 요리다. 홍콩식 굴소스에 넙적한 면을 센 불에 볶았는데 식감이 좋고 고기가 풍성히 들어 있어 한끼 식사로 든든하다. 마치 짭짤한 간장맛의 볶음쌀국수 같기도 한데, 혹자는 '고급진 짜파게티'라고도 평했다. 누구나 먹었을 때 만족할 만한 요리다.

마카오 관광 레스토랑답게 인테리어 역시 포르투갈 타일로 도배되어 있는 것이 인상적이다. 홍콩에서 마카오를 가지 않더라도 마카오의 멋과 맛을 느껴보고 싶다면 추천한다.

육즙 가득 상하이 군만두

청힝키
祥興記
Cheung Hing Kee

INFO

ADD 尖沙咀樂道48號
TIME 09:00-21:00
HOW TO GO
MTR 침사추이尖沙咀
A1 출구 도보 1분
Google Map
22.297657, 114.171634

상하이에 가면 꼭 추천하는 길거리 음식 중 하나가 쌍찐빠오生煎包다(상하이식 발음으로 성지엔빠오라 한다). 상하이, 쑤저우 등 강남지역에서 즐겨 먹는 길거리 만두로 밑은 바삭하고 위는 촉촉한 형태다. 부드러운 얇은 피에 돼지고기의 육즙이 가득한 것이 샤오롱빠오 같으면서 바닥은 누렇게 살짝 태운 듯 바삭한 것이 일본식 교자만두 같다. 성지엔빠오는 샤오롱빠오와 교자만두의 중간 형태로 살짝 출출할 때 길거리에서 허기짐을 달래주는 최고의 음식이다.

홍콩의 성지엔빠오 전문점 청힝키는 2012년 상하이 사람이 개업한 곳으로 인테리어나 로고, 콘셉트 등을 상하이 노포 스타일로 맞췄다. 홍콩에만 다섯 개에 가까운 지점이 있는데 2016년 미슐랭 길거리 음식 부문에 꼽히면서 유명세를 탔다.

이곳에서 처음으로 시켜야 할 것은 역시 무조건 오리지널맛인 쭈파이쌍찐빠오招牌生煎包다. 안에 돼지고기 소도 매우 튼실하고 피도 쫄깃하여 가성비 좋은 샤오롱빠오를 먹는 느낌이다. 한입 베어물면 돼지고기의 육즙과 깨, 파의 향을 동시에 느낄 수 있는데 간이 다소 짠 편이라 먹다 보면 은근히 맥주 한 모금이 절실해진다.

만약 독특한 쌍찐빠오를 먹어보고 싶다면 트러플(송로버섯)향이 배어 있는 학쏭러쌍찐빠오黑松露生煎包 역시 추천한다. 쌍찐빠오에 트러플의 향긋한 향미가 첨가된 것으로 트러플향이 은은하게 돼지고기 소에 배인 것이 매우 매력적이다. 향은 다소 강할 수 있기 때문에 오리지널과 잘 조합하여 먹기를 추천한다.

참고로 이 쌍찐빠오를 먹을 때는 뜨거운 육즙에 혀 천장이 데이는 것을 조심해야 한다. 우선 피의 윗부분을 살짝 찢어 흘러나온 육즙을 먼저 후룹 마시고 그다음 베어먹는 것이 가장 안전하다.

만약 상하이에서 성지엔빠오를 맛보지 못한 사람이라면 이곳에서나마 대리만족하기를 권하고, 상하이에서 먹어본 사람이라면 그 추억의 맛을 여기서도 느껴보기를 바란다. 이 평범해 보이는 군만두가 왜 미슐랭 길거리 음식 부문에 올랐는지를 알게 될 것이다.

CHAPTER 4

야우마테이
몽콕
프린스
삼수이포

화려했던 홍콩을 추억하며

미도카페
美都餐室
Mido Cafe

INFO

ADD 油麻地廟街63號
TIME 11:30–19:30
수요일 휴무
HOW TO GO
MTR 야우마테이油麻地
C 출구 도보 3분
Google Map
22.310231, 114.170270

홍콩의 오래된 모습을 간직한 운치 있는 레스토랑이다. 어딘가 낡고 허름하지만 세련된 모자이크 타일, 빛바랜 듯 향수를 자극하는 라이트그린색의 창살, 좁고 어두운 나선형 계단, 정갈한 붓글씨로 직접 쓴 메뉴판…. 미도카페에는 홍콩을 생각했을 때 떠오르는 이미지들이 조화롭게 운집되어 있다. 분위기 자체가 지극히 홍콩스럽고 마치 영화 세트장 같아 실제 홍콩 영화뿐 아니라 할리우드 영화에도 몇 번 등장했다고 한다.

그런데 미도카페에 켜켜이 쌓인 이러한 정취는 하루 아침에 나온 것이 아니다. 미도카페는 2차 세계대전 이후 1949년에 개업하여 70년 이상의 세월을 담고 있는, 홍콩에서 아주 오래된 레스토랑이다. 모자이크 역시 전쟁 이후 물자가 부족하여 인근의 남은 타일들을 모아 끼워맞췄다고 하니 타일 하나에서도 이 집의 유구한 역사를 짐작해볼 수 있다. 짜깁기이지만 당시 수준 높은 홍콩의 화려한 미감을 방증하듯 전반적으로 자못 세련되고 우아하다. 특이하게 미도카페는 현대

야오나이홍차

홍콩에서 많이 쓰는 레스토랑의 홍콩말, 차찬텡이 아니라 '찬삿餐室'으로 표기하는데 이는 70년대 차찬텡이라는 단어가 생겨나기 전에 창업했기 때문이라 한다. 유구한 시간의 산증인들은 부모가 되어 자녀의 손을 잡고 다시 이곳을 방문하곤 한다. 실제 우리가 갔을 때도 젊은 사람들 외에도 나이가 지긋한 노인들 역시 심심치 않게 찾아볼 수 있었다.

하지만 우리나라의 노포들처럼 오래되고 고루한 메뉴를 팔 거라고 생각하면 큰 오산이다. 이곳에서 가장 유명한 메뉴는 의외로 토마토리조또와 프렌치토스트다. 지극히 서양적인 메뉴이지만 홍콩이 서양에 문호를 일찍 개방한 곳이라 생각하면 이런 메뉴 구성이 자연스럽게 수긍이 간다.

토마토리조또에 가까운 맛의 곡파이꽈판焗排骨飯은 '서양풍스페어립라이스'라는 타이틀을 갖고 있다. 달걀볶음밥 위에 돼지갈비살, 토마토베이스를 얹은 다음 치즈까지 올려 오븐에 구운 이 리조또는 마치 스파게티 대신 밥을 넣은 그라탕 같은 맛이다. 토마토베이스의 새콤함과 돼지고기의 튼실함이 잘 어우러지는데 안에 있는 흰밥은 다소 꼬들꼬들하다.

프렌치토스트 싸이도시西多士는 우리가 알고 있는 바로 그 프렌치토스트 그대로다. 식빵에 달걀물을 입혀 바삭하게 튀기고 그 위에 버터와 시럽을 듬뿍 얹어 보기만 해도 높은 칼로리에 죄책감이 느껴진다. 그러나 한입 베어문 순간 죄책감은 버터와 함께 사르르 녹으며 어느새 프렌치토스트 덩어리를 입에 욱여넣고 있는 자신을 발견할 것이다. 이곳을 방문하는 현지인은 클럽샌드위치인 공씨삼만지公司三文治 역시 많이 주

싸이도시

문하는데 설탕에 절인 토마토에 햄과 달걀을 함께 샌드위치에 끼워서 준다. 사실 맛 자체는 한국의 샌드위치와 그리 다를 바 없으니 큰 기대를 안 하는 게 좋다. 허나 홍콩에서 화려했던 홍콩의 과거를 추억하며 홍콩스러운 한끼를 즐기고 싶다면 단연코 미도 카페에 가야 한다.

곡파이|꽈판

공씨삼만지

출출할 땐 버터소보루와 밀크티

깜와카페
金華冰廳
Kam Wah Cafe

INFO

ADD 太子弼街47號
TIME 06:30-21:00
HOW TO GO
MTR 몽콕旺角
B3 출구 도보 5분
Google Map
22.322205, 114.169719

'블랙앤화이트' 브랜드
찻잔에 담겨 나오는 밀크티

뽀로아우

많은 여성이 홍콩을 여행지로 즐겨찾는 이유는 아마 첫째는 쇼핑 때문일 것이고, 둘째는 홍콩의 디저트류 때문일 듯하다. 입안을 마비시킬 것 같은 달콤한 디저트와 빵, 화려한 애프터눈티 등은 홍콩에서 꼭 맛보아야 할 음식이다. 심지어 서민들의 소박한 식사에서도 이런 디저트류는 빠지지 않는다. 일례로 홍콩의 유명 차찬텡에 가면 밥과 면 등과 더불어 '에그타르트'와 '버터소보루' 등을 파는 것을 볼 수 있다. 한마디로 우리나라 김밥천국에서 케이크를 파는 듯한 낯선 느낌이다. 밥은 밥, 케이크는 케이크인 우리나라 식문화에서는 잘 이해할 수 없지만, 홍콩사람은 이 디저트들을 밥과 면과 함께 시키거나 아니면 아예 이것들로 한끼를 때우곤 한다. 그러니 홍콩에 왔으면 당연히 차찬텡의 달콤한 식사를 맛보아야 하는 법!

깜와카페는 홍콩의 많은 차찬텡 중에서 특히 버터소보루가 유명하다. 물론 실제 현지인은 이곳에서 대부분 밥과 면 종류를 시키지만, 여행자는 위와 시간이 한정되어 있기 때문에 제일 유명한 버터소보루

에그타르트 단타

와 밀크티만 맛보고 나오는 것을 추천한다. 버터소보루인 뽀로야우波蘿油는 소보루에 두툼한 버터를 끼운 빵이다. 바삭한 소보루 껍질과 빵의 쫄깃함이 잘 어우러지며 안에 있는 짭짤한 버터가 풍미를 돋운다. 그야말로 달달함과 짭짤함, '단짠'의 정석이다. 버터는 녹지 않고 딱딱한 고체 형체로 버터를 베어무는 느낌이 독특하다. 마치 프레첼 안에 버터를 끼운 버터프레첼 같은데 소보루빵이라 훨씬 더 식감이 부드럽고 촉촉하다. 특히 막 구워졌을 때 먹으면 따뜻한 빵과 차가운 버터가 입안에서 조화를 이루며 환상적인 하모니를 만들어낸다. 참고로 버터소보루는 로테이션이 빠른 유명한 곳에서 먹어야 막 구워진 따뜻한 빵을 먹을 확률이 높아진다. 따라서 홍콩에서 버터소보루를 먹어보겠다면 여기만 한 곳이 없다.

버터소보루와 함께 마시면 좋은 짝꿍 음료로 밀크티인 헝왁나이차香滑奶茶를 꼽을 수 있다. 일반적인 달달한 밀크티를 좋아하는 사람이라면 차가운 것을, 씁쌀함을 원한다면 뜨거운 것을 시키자. 개인적으로 이 차찬텡에서만큼은 뜨거운 밀크티를 시키기를 권한다. 첫째로는 씁쓸한 밀크티와 달달한 버터소보루의 궁합이 훌륭하기 때문이다. 마치 초콜릿케이크와 아메리카노 같은 이치랄까. 밀크티가 쓰다 싶으면 버터소보루를 앙 베어물면 되고, 좀 달다 싶으면 밀크티를 한 모금 마시면 된다. 진정한 홍콩식 '달쓰달쓰'의 무한궤도를 체험하기에 최적화된 메뉴다. 뜨거운 밀크티를 시켜야 하는 두 번째 이유는 귀여운 디자인의 찻잔 때문이다. 뜨거운 밀크티는 홍콩의 국민 연유 브랜드 '블랙앤화이트 밀크黑白淡奶'가 새겨져 있는 찻잔에 담

차가운 헝왁나이차

까이파이

겨 나오는데 홍콩 현지인의 테이블에도 이 찻잔이 꼭 하나씩 놓여 있다. 손안에 쏙 들어오는 아담한 찻잔에 담긴 밀크티를 홀짝이는 것만으로도 이미 홍콩사람이 다 된 기분이다. 별거 아니지만 소소한 소품 하나에서도 홍콩의 맛에 젖어들 수 있다. 이것이야말로 홍콩 차찬텡 투어의 또 다른 묘미랄까.

부족하다 싶으면 에그타르트 단타蛋撻와 치킨파이인 까이파이雞批를 시켜보자. 에그타르트는 그리 특이한 맛은 아니지만 부드럽고 크리미한 푸딩 같은 맛이 홍콩식 에그타르트의 전형이다. 다른 곳에서 에그타르트를 맛보지 못했다면 여기서 같이 먹는 것도 좋은 선택이다. 치킨파이는 닭고기가 소로 들어 있는 파이 형태의 빵이다. 영국식 치킨버섯파이에서 영감을 받아 바삭하기보다는 꾸덕한 빵에 가까운 식감이다. 닭고기는 마치 까르보나라의 소스처럼 크림 형태로 버무려져 있는데 혹자는 과거 코스트코에서 맛본 치킨베이크맛이라 평했다. 다소 호불호가 갈릴 수 있으나 꽤 밀도가 높아 출출한 배를 채우기에는 제격이다. 참고로 이곳은 유명 차찬텡답게 사람이 정말 많고 가게가 협소해 모르는 사람과 합석도 감내해야 한다. 옴짝달싹 못하는 좁은 좌석에 끼어 앉아 손바닥만 한 버터소보루를 나이프로 썰어먹어야 하는 게 다소 불편할 수 있지만, 달콤한 버터소보루를 한입 넣는 순간 그 불편함은 버터와 함께 스르륵 녹아버린다. 홍콩의 달콤한 식사, 버터소보루 뽀로야우를 맛보고 싶다면 추천하는 집이다. 좁은 실내를 감당하지 못하겠다면 테이크아웃도 가능하다.

나의 홍콩에서의 첫 식사는 두부였다. 처음에는 대체 왜 홍콩까지 와서 딤섬이나 버터소보루를 먹지 않고 흔한 두부를 먹어야 하는지 모르겠다고 투덜댔다. 심지어 내가 생각하는 홍콩의 음식점과도 너무 달랐다. 보통 홍콩맛집이라고 하면 화려하고 트렌디한 레스토랑이 먼저 떠오르는데 이 두부집은 마치 오래된 종로거리 골목에나 있는 듯이 후미지고 어둡고 허름했다. 그렇다고 해서 두부의 비주얼이 훌륭한 것도 아니었다. 우리가 시킨 것은 찐영따우푸煎釀豆腐로, 딱 말 그대로 제사상에나 오를 법한 두부전이었다.

대체 왜 홍콩까지 와서 이 두부전을 먹어야 하는지 납득이 되지 않았지만 그래도 맛집이라니까 탐탁지 않아 하면서도 두부를 한입 베어먹어 봤다. 그런데 분명 한국의 두부랑은 확연히 달랐다. 한국의 두부전은 다소 뻑뻑한 식감이 있는데 이곳 두부는 마치 순두부를 튀긴 것처럼 실키하고 보들보들해 입에서 녹아내렸다. 의외로 맛있는 두부전이라 허겁지겁 먹다 보니 다른 두부 요리도 궁금해졌다.

홍콩 명물 수제두부 전문점

컹우도우분총
公和荳品廠
Kung Wo Beancurd Factory

INFO

ADD 深水埗北河街118號
TIME 06:00-21:30
HOW TO GO
MTR 삼수이포深水埗
B2 출구 도보 1분
Google Map
22.331129, 114.163542

찐영따우푹

찐영따우푸

이곳은 두부로 만든 모든 것을 판매한다. 그중 중화권에서 유명한 떠먹는 순두부인 다우파荳花 역시 수준급이다. 마치 우유푸딩같이 탱탱하고 보드라운 식감에 황설탕을 넣어 건강한 디저트 같다. 두부튀김 찐영따우푹煎釀荳朴 역시 간식으로 먹을 만하다. 겉보기에는 닭강정 같은데 베어물면 쫀쫀한 두부다. 위에 칠리소스를 뿌려먹는데 달짝지근하면서 짭짤해 맥주안주로 먹기 좋다.

특히 이 집의 하이라이트는 따우쭈엉荳漿이다. 따우쭈엉만다린어는 또우장은 모든 중화권에서 마시는 콩물인데 얼마나 중국사람이 즐겨먹는지 심지어 중국 KFC에서는 아침에 이 음료를 콜라처럼 판매한다. 그런데 이 음료는 집집마다 제조방식, 맛이 판이하게 다르다. 보통 프랜차이즈나 식당에서 파는 따우쭈엉은 다소 심심한 두유맛이지만 정말 잘하는 곳은 그 깊이와 향이 특별하다. 그러니 콩을 발효시켜 전문적으로 두부를 직접 만드는 이 집의 따우쭈엉은 얼마나 수준급이겠는가! 실제 따우쭈엉을 좋아하는 사람은 따우쭈엉 맛집을 찾아 다니는데 여기는 홍콩의 따우쭈엉 가게에서도 손꼽히는 곳이다. 따우쭈엉의 맛이 맑으면서도 매우 깊고 끝맛이 고소하다. 보통 따우쭈엉은 심심

다우파

한 맛을 없애기 위해 설탕을 넣어 달달한 맛을 추가하는데 여기서는 오로지 본연의 콩맛만 느껴보기를 권한다. 이 집의 따우쭈엉을 먹고 나면 다른 집의 것은 그저 인스턴트 두유로 느껴질 수도 있다.

이처럼 고강한 내공을 지닌 이 집은 3대째 대를 이어하는 역사가 깊은 곳이다. 실제 두부 제조방식뿐 아니라 사용 장비 역시 100년이 넘었다. 장인 소리를 듣는 주인장은 장비를 신식으로 바꾸면 개인적으로는 편해질지 몰라도 전통의 맛이 변하기 때문에 지금까지 옛날 장비를 고수하고 있다고 말한다. 그래서 주방을 힐끗 엿보면 아직까지 나무틀로 직접 두부를 제조하는 모습을 볼 수 있다. 허름한 외관 때문인지 관광객은 의외로 찾아볼 수 없다. 손님은 대부분 나이가 있는 단골 중장년층이거나 두부를 포장해가는 아주머니들뿐이다. 두부 하나 먹으러 여기까지 오는 게 다소 고생스럽기도 하고 정신없는 분위기라 식사 환경을 생각한다면 적극 추천은 하지 못하겠지만, 100년 넘게 지켜온 오래된 두부집의 내공을 경험해보고 싶은 사람이라면 한 번쯤 시간내어 가볼 법하다.

홍콩에서 가장 핫한
복고풍 포장마차

레이디스 스트리트 식판공씨

女人街食飯公司
Ladies Street Sik Faan Co.

INFO

ADD 旺角通菜街1A-1L
TIME 18:00—00:00
HOW TO GO
MTR 몽콕旺角 E2 출구 도보 5분
Google Map
22.316299, 114.170946

홍콩의 복고 느낌을 재현해놓은 인테리어

몽콕의 레이디스마켓에 위치한 복고풍의 차찬텡 술집으로 2018년 오픈해 홍콩 현지인에게 큰 인기를 끌고 있는 핫한 인스타 스폿이기도 하다. 현재 홍콩에서는 70~80년대를 재현한 차찬텡 술집이 크게 인기를 끌고 있는데 이 집은 그중에서도 복고의 디테일이나 음식의 맛 등에서 평이 가장 좋아 젊은 사람뿐 아니라 가족 단위의 모임을 하는 손님도 많이 보인다. 레이디스마켓 스트리트는 오전과 이른 낮에는 평범한 도로이지만 밤이 되면 떠들썩한 시장으로 변모한다. 식당의 이름인 레이디스스트리트식판공씨 역시 이 거리명에서 따왔다고 볼 수 있다. 다만 찾아가는 게 다소 복잡한데 일단 레이디스마켓의 수많은 건물 가운데 한 건물의 작은 입구로 들어가 엘리베이터를 타고 2층으로 올라가야 한다. 그런데 레이디스마켓에 워낙 점포가 많아 한눈에 이 식당을 찾기 난감하다. 그래도 요새 워낙 인기가 좋아 건물 밖까지 대기줄이 늘어서 있으니 약간의 눈치가 있는 사람이라면 어렵지 않게 찾아낼 수 있다. 엘리베이터를 타고 올라가면 바로 식당 입구를 볼 수 있는데 최근 가장 핫한 식당 중 하나라 언제 가도 대기 손님이 많다. 잊지 말고 꼭 대기표를 받아야 하는데 만약 중국어나 광둥어를 알아듣기 어렵다면 중간중간 대기표를 들고 카운터에 가서 외국인임을 몇 번 정도 어필하면 번호를 기억해주고 알아서 안내해준다.

가게 내부는 70~80년대 분위기를 생생하게 재현해놓았는데 특히 벽화에 새겨진 이발소, 여관, 전당포 등의 가게들이 밤에 술 먹는 시간대를 상징하듯 모두 커튼을 치고 영업이 끝난 모습으로 그려진 게 인상적이다.

자리에 앉으면 역시나 홍콩스타일로 그릇을 스스로 세척해야 한다. 자리에는 세숫대야같이 넓은 그릇 안에 인원수에 맞게 작은 그릇과 찻잔, 수저가 놓여 있는데 뜨거운 차를 넓은 그릇에 충분히 붓고, 작은 그릇과 찻잔, 수저를 그 안에서 닦아낸다. 그릇을 다 닦으면 세숫대야 같은 큰 그릇은 직원이 들고 나간다.

대기만 한 시간 이상 했던지라 갈증이 나서 맥주를 먼저 주문했는데 맥주잔은 일반 유리잔이 아닌 나지막한 도자기 잔이었다. 잔에 전투완戰鬪碗이라는 글귀가 있는데 직역하면 '전투를 치르는 그릇'이라는 뜻이다. 정말이지 그릇 하나만 놓고 봤을 때도 딱 맥주를 마실 분위기가 잡힌달까.

전투완

메뉴 역시 차찬텡답게 무척 다양하나 우리는 이 집에서 사랑받는 메뉴를 중심으로 주문하였다. 퐁레이와이까오꾸오루욕鳳梨懷舊咕嚕肉은 '추억의 광둥식 파인애플 탕수육'으로 해석이 가능한데 주로 삼겹살이나 등심을 튀긴 고기를 센불에 화르륵 볶아낸 다음, 마지막에 먹기 좋은 크기로 손질한 파인애플을 추가해 빠르게 휘리릭 볶고 접시에 낸다. 메뉴 이름에 '추억'이 들어가서 그런지 아주 전형적인 광둥식 탕수육의 맛이다. 새콤달콤함의 밸런스가 딱 좋은데, 한국의 탕수육보다는 새콤함이 더 강한 것이 특징이다. 고기 역시 껍질이 얇고 바삭함이 잘 유지되면서도 소스가 잘 버무려져 있어 식감이 좋다. 파인애플도 확실히 남쪽지방 생과일이라 과육이 탄탄하면서도 과즙을 잘 머금고 있어서 촉촉하다. 평범한 듯 보이지만 맛을 본 순간 이 집의 대표 메뉴라는 생각이 든다.

쮸임쏙마이椒鹽粟米는 이 집의 간판 메뉴는 아니지만, 개인적으로 워낙 좋아해 주문하였다. 소금, 고추 등을 넣어 옥수수를 볶아낸 요리인데, 옥수수요리가 흔하지 않은 한국에서는 좀처럼 맛보기 힘들기

퐁레이와이까오꾸오루욕

쮸임쑥마이

때문이다. 옥수수를 세로로 3~4등분 하여 살짝 쪄낸 다음 튀겨서 채 썬 고추, 마늘, 생강 등을 넣어 볶다가 중국의 대표 배합 향신료인 오향분(계피, 회향, 팔각, 화쟈오, 정향 등을 섞은 양념가루)을 뿌린 음식으로, 속은 찐 옥수수처럼 찰지고 겉은 바삭하다. 고추는 매운 느낌이 거의 없고 오향분의 다채로운 맛이 옥수수와 아주 잘 어울려 맥주안주로 손색이 없다. 옥수수를 손으로 위아래를 눌러 잡고 치아로 도돌도돌 긁듯 먹으면서 전투완에 담긴 맥주를 한 모금씩 마시다 보면 순식간에 술도, 요리도 바닥이 나는 마성의 메뉴다.

흑총로우씬하또시 黑松露鮮蝦多士는 이 집의 하이라이트라 할 수 있다. 직역하면 '블랙 트러플 멘보샤'로 메뉴에는 한 개당 가격이 쓰여 있는데 세 개 이상부터 주문이 가능하다. 한국의 멘보샤가 새우를 잘게 다져서 만든다면, 여기는 통통하고 뽀독한 알새우 식감이 입안 가득 느껴지게 만든다. 빵은 바삭하면서 고소한데 위에 블랙트러플이 올라가 향미가 매우 다채롭다. 타르타르소스가 곁들여 나오는데 빵의 부드러운 기름짐과 트러플의 향미, 새콤고소한 타르타르소스가 한입에 어우러져 환상적인 맛과 식감을 자아낸다. 조금의 과장도 보태지 않고 이 황홀한 메뉴 하나만으로 이 집은 충분히 방문할 가치

흑총로우씬하또시

가 있다.

유취찌우파이자우데이까이瑤柱招牌走地雞는 이 집에서 미는 간판 닭요리로, 아래는 채 썬 대파를 깔아놓고 닭고기를 돈가스같이 길게 썰어 올려 피망과 마늘 프레이크, 잘게 찢어놓은 가리비 관자살을 얹는다. 고기는 닭 특유의 퍽퍽한 식감이 전혀 없이 부드럽고 쫀쫀하며 마늘 프레이크가 약간 비릴 수 있는 쪄낸 닭고기의 맛을 융화시켜준다. 익혀서 찢어 올린 말린 가리비 관자살은 식감이 훨씬 꼬들꼬들하고 고급지다. 가리비, 마늘 프레이크, 닭고기를 함께 집어먹으면 부드러움, 바삭함, 질깃함의 조화를 맛볼 수 있다. 소스는 간장기름장과 동남아풍 칠리소스가 나오는데 간장기름장은 안에 생강과 마늘 등이 들어간 듯 짭조름하면서 경쾌해 닭고기와 잘 어울리며, 동남아풍 칠리소스는 새콤매콤한 맛으로 마지막까지 물리지 않고 맛있게 먹을 수 있게 한다.

전반적으로 요리 수준이 훌륭하면서 홍콩의 복고풍을 생생하게 구현하고 있는 곳으로 홍콩 특유의 분위기에 흠뻑 젖어들고 싶을 때 강력하게 추천하는 술집이다.

유취찌우파이자우데이까이

미슐랭 원스타를 받은 딤섬집으로 캐주얼한 딤섬 느낌이 팀호완과 비교되지만 해외까지 분점이 있는 팀호완과 달리 홍콩에 본점 하나, 포장 가능한 매장 하나 해서 둘만 운영되고 있다. 매장 규모도 유명세에 비해서는 아담한 편이라 현지인뿐 아니라 외국 관광객 손님까지 합쳐져 어떤 시간에 방문해도 늘 대기줄이 길다.

도착하자마자 입구의 점원이 대기표와 주문지, 커다란 메뉴 책자를 건넨다. 한자를 읽지 못해도 사진을 보고 요리마다 적혀 있는 번호를 매칭해서 주문서에 체크하면 되기 때문에 외국인 관광객도 손쉽게 주문할 수 있다.

이곳은 딤섬집치고 상당히 캐주얼한 느낌이라 찻잎을 손님이 직접 고르지 않고 뜨거운 차에 개인 식기류를 직접 씻는 딤섬집 특유의 문화도 없다. 손님으로서는 셀프로 식기구를 씻을 일이 없으니 편하기는 하지만 딤섬집 전통 문화가 점점 사라지는 것 같아 한편으로는 아쉽기도 하다.

우리는 총 여섯 가지 메뉴를 주문해 다양한 딤섬을 맛보았다. 먼저 짜렁炸兩은 묽은 쌀가루 반죽을 평평한 판에 붓고 찜기에 쪄낸 청판요리의 일종으로 안에 바삭하게 튀긴 빵의 일종인 야오타우油條를 넣고 김밥처럼 돌돌 말아낸다. 짜렁은 달달하게 조미된 간장과 참깨장을 뿌려먹는다. 본래 야오타오는 튀김 같은 식감이 특징이지만 쪄낸 청판으로 둘둘 말아서 바삭함은 없고, 약간 부드럽게 눅눅한 식감이 된다. 다소 밋밋할 수 있는 맛이지만 짭조름한 간장과 참깨장이 고소한 맛을 만

캐주얼한 분위기에서
즐기는 정통 딤섬

원딤섬
一點心
One Dim Sum

INFO

ADD 太子通菜街209A號
TIME 09:30~22:30(월~금)
08:30~22:30(토~일)
HOW TO GO
MTR 프린스 에드워드太子
A 출구 도보 1분
Google Map
22.325442, 114.169207

짜렁

함수이꺼

들어준다.

함수이꺼咸水角는 럭비공 모양 튀김이다. 얇은 껍질은 찹쌀도넛 같은 식감으로 안에 돼지고기, 표고버섯, 채소 등을 섞어 넣고 튀겨낸다. 피는 바삭하면서 매우 쫄깃하고 속에는 짭조름한 고기와 표고버섯의 향미가 함께 어우러지는 게 흥미롭다. 사실 씨우마이, 하가우 등과 같이 한국에 잘 알려진 딤섬은 아니지만 식감과 맛이 워낙 훌륭해서 홍콩에서는 이 함수이꺼를 딤섬 중 제일로 치는 사람도 있다. 그러나 반죽을 오랜 시간 숙성시켜야 하기에 손이 많이 가는 메뉴라 일반적인 한국 딤섬집에서는 찾아보기 힘들다. 그러니 홍콩에서 이 메뉴를 발견하면 주저 없이 시켜보자.

로박고우蘿蔔糕는 대표적인 딤섬 중 하나로 가늘게 채 썬 무를 쌀가루와 쪄서 만들어 식감이 다소 찰진 느낌이다. 안에는 잔새우와 짭짤한 홍콩식 소시지가 들어 있어 향미를 더한다.

로박고우

맛짭차씨우빠오蜜汁叉燒包는 고기 딤섬으로 평범한 다른 딤섬집에서 먹어보면 빵이 퍽퍽한 경우가 대부분이라 선뜻 손이 가지 않는데 이 집은 반죽 비율이나 조리 정도가 좋아서인지 식감이 촉촉하다. 속은 짭조름하고 고기즙을 가득 머금어 고기 향미가 강하니 고기를

맛짭차씨우빠오

시찌우쨍퐁짜우

좋아하는 사람에게 추천한다.

시찌우쨍퐁짜우豉椒蒸鳳爪는 홍콩의 대표적인 딤섬으로 중국 남부 광둥지역에서는 닭발을 봉황의 발이라는 뜻으로 퐁짜우라고 부른다. 보기에 다소 해괴한 닭발 모양새라 호불호가 크게 갈리는데 만드는 법 역시 상당히 복잡해 튀겨낸 닭발을 검은콩과 굴소스, 간장 등 수많은 양념으로 버무린 후 찜기에 쪄내는 방식이다. 겉은 보들보들하고 짭조름한 맛이 잘 배어 있어 사실 맛 자체는 그렇게 난도가 높지 않지만 중국 특유의 향신료향이 배어 있어 초심자에게는 접근이 쉽지 않다. 일반적인 딤섬이라기보다는 중국향이 가득 담긴 요리를 먹는 느낌이다.

마지막으로 헝몽나이웡권香芒奶皇卷은 이 집의 대표 디저트 메뉴로 튼실한 망고를 쫄깃한 찹쌀로 감싼 망고떡과 같은 느낌이다. 같이 나오는 약한 맛의 간장을 찍어먹으면 맛이 완성되는데 간장의 약간 짠맛에 의해 망고의 단맛이 배가된다. 식사를 다 즐기고 마지막에 이 찹쌀망고롤로 입가심하면 깔끔하다.

전반적으로 그리 비싸지 않은 가격으로 가볍게 즐기면서 다양한 메뉴를 맛볼 수 있기에 20~30대의 네 명 이상 여행자를 위한 딤섬집으로 추천한다.

헝몽나이웡권

육전 토스트와 족발국수

선흥위엔:킨키
新香園:堅記
Sun Heung Yuen:Kin Kee

INFO

ADD 深水埗桂林街38號
TIME 06:30-18:00
HOW TO GO
MTR 삼수이포深水埗
C2 출구 도보 3분
Google Map
22.329857, 114.160852

삼수이포에 위치하는 차찬텡이다. 자그만 포장마차에서 출발하여 지금은 번듯한 점포로까지 확장하였다. 코로나 전에는 24시간 내내 운영하던 것으로 유명했지만 현재는 새벽 일찍 시작해서 저녁 6시까지만 한다. 포장마차에서 시작했던 차찬텡답게 영업시간은 바뀌었지만 메뉴는 이전처럼 늦은 밤 출출할 때 가볍게 먹기 좋은 음식을 주력으로 판매한다.

그중 가장 유명한 메뉴는 치맹단야오지馳名蛋牛治로 다진 소고기가 양껏 들어 있는 달걀토스트다. 마치 전라도에서 고기에 달걀물을 입혀 만드는 전인 '육전'을 연상케 하는데 여기에 식빵이 어우러져 그 어디서도 먹어보지 못한 특별한 맛을 자아낸다. 소고기는 기계를 사용하지 않고 이곳 주인이 칼로 직접 다지는데 이렇게 해야 고기가 씹히는 느낌이 알맞게 나온다고 한다. 다짐육이 완성되면 맛술에 하루 꼬박 재우고 주문이 들어오면 즉석에서 달걀을 풀어 고기를 부친다. 단순한 조합이지만 고기와 달걀의 간과 두께가 모두 적당해 이곳의 내공을 느낄 수 있다. 참고로 주문할 때 홍다이烘底라고 덧붙이면 토스트를 더욱 노릇노릇하게 구워준다. 바삭한 맛을 선호하는 사람이라면 이렇

치맹단야오지

족발국수 남위쮜싸우민

게 주문해보자.

토스트로는 허기를 달래기 아쉬운 사람이라면 족발국수인 남위쮜싸우민南乳豬手麵을 추천한다. 칼국수 같은 면발 위에 커다란 족발이 터억 올려져 있어 비주얼에서 다소 호불호가 갈리지만 족발을 좋아하는 사람이라면 만족하며 즐길 수 있다. 족발은 살코기와 콜라겐의 밸런스가 상당히 적절하고 육질 역시 매우 부드럽다. 게다가 한국 편육과 달리 풍부한 육즙을 맛볼 수 있어 훌륭한 미식 경험이 된다. 그러나 우리나라 족발처럼 다양한 향신료로 돼지 누린내를 잡지 않아 냄새에 약한 사람이라면 다소 곤혹스러워할 수도 있다. 특히 육수는 족발을 오래 끓여 만든 돼지뼛국물이라 깊고 구수하지만 다소 꼬릿꼬릿한 냄새가 난다. 무조건 족발을 좋아하는 사람만 이 메뉴에 도전하기를 바란다. 면발은 생각보다 다소 꼬독하여 뻣뻣한데 사실 면 식감보다는 족발 자체를 즐기기 위한 메뉴이기 때문에 그리 기대는 하지 않는 게 좋다.

호텔 수준의 맛,
가성비 넘치는 딤섬전문점

팀호완

添好運
Tim Ho Wan

INFO

ADD 深水埗福榮街9-11號
TIME 10:00-22:00(월-금)
09:00-22:00(토-일)
HOW TO GO
MTR 삼수이포深水埗
B2 출구 도보 10분
Google Map
22.329021, 114.166305

세계에서 제일 저렴한 미슐랭 원스타 레스토랑으로 익히 알려진 곳이다. 이곳 창업주는 홍콩 유명 중식 레스토랑에서 딤섬을 담당하던 사람으로 현지에서 꽤나 유명하다. 그는 고급스러운 딤섬의 맛을 많은 대중에게 선보일 수 없을까 고민하다가 '맛은 호텔, 가격은 길거리'라는 콘셉트 아래 팀호완 레스토랑을 차렸다고 한다.

식기류를 씻는 차이니 절대 마시지 말자

실제 미슐랭 별을 얻을 만큼 훌륭한 맛에 비해 대부분 딤섬 가격이 HK$25~30^{한화 약} _{5,000원} 수준이라 든든하게 먹어도 1인 1만 5,000원 정도를 넘지 않는다. 비싼 홍콩물가를 생각했을 때 거의 분식집에서 나올 만한 가격이다.

그러나 아쉬운 게 있다면 바로 살인적인 웨이팅. 대기하지 않고 바로 들어가는 경우는 거의 드물며 레스토랑 앞에는 현지인부터 한국, 중국, 일본, 유럽인까지 인산인해를 이룬다. 그래서 도착하자마자 문앞에 있는 직원에게 바로 달려가 대기번호를 받아야 한다. 식사 인원수에 따라 부르는 번호의 순서가 왔다갔다하므로 광둥어에 익숙지 않으면 무조건 직원 옆에 붙어 있는 게 상책이다.

사실 미슐랭 레스토랑이라는 기대를 가득 안고 들어간 사람이라면 이 팀호완 레스토랑의 딤섬맛이 다소 실망스러울 수도 있겠다. 한국에서 먹는 자극적인 맛의 딤섬과 다르게 이곳 딤섬은 다소 심심하다. 모양 역시 순박하기 짝이 없다. 딤섬 위에 아무런 장식 하나 없이 마치 집밥처럼 허연 딤섬들을 대나무통에 투박하게 얹어낸다. 미슐랭 레스토랑이라는 기대에 들떠 카메라 셔터를 누를 준비를 하던 사람이라면 딤섬이 나온 순간 카메라 렌즈는 갈 곳을 잃고 배회한다. 그러나 이곳의 딤섬을 먹다 보면 '아, 바로 이게 진짜 딤섬이라는 거구나'라고 느낄 수 있다. 딤섬은 마음에 점을 찍다點心는 뜻에서 알 수 있듯, 거창한 요리가 아니라 출출함만 가시게 하는 소박한 끼니였다. 그래서 레스토랑에서 먹는 것처럼 거창하거나 화려할 이유가 전혀 없고 또 자극적이지 않아야 했다. 지금 우리가 먹는 딤섬은 상품화를 위해 과하게 조리된 요리이고 실제 광둥지역의 딤섬은 자고로 순박한 집밥과 같은 맛이다.

팀호완은 바로 이런 딤섬의 미학을 아주 훌륭하게 재현하는 곳이다. 한국에서 먹는 딤섬 특유의 달거

서페이곡차씨우빠오

나 짠맛이 거의 없고 대부분의 메뉴가 간이 그리 세지 않다. 그래서 아무리 많이 먹어도 부대끼거나 입에서 특정한 맛이 맴돌지 않는다. 서페이곡차씨우빠오酥皮焗叉燒包가 대표적으로 그런 맛을 낸다. 소보루빵 안에 다진 고기와 매콤한 소스를 넣어 만든 이 딤섬은 특유의 자극적인 맛으로 한국사람이 제일 입맛에 맞아 하는 메뉴다. 그러나 이곳의 서페이곡차씨우빠오는 맵지 않다. 색깔은 붉어도 다소 달작지근하고 걸쭉한 맛이 강하다. 소보루빵도 이곳은 달콤한 간식이라기보다는 식사빵이란 느낌이다. 이 딤섬이야말로 팀호완의 정체성을 가장 강력하게 드러낸다.

또 팀호완은 간을 약하게 하는 반면 재료의 신선도에 목숨을 건다. 보통 실력이 좋은 레스토랑일수록 조미료보다는 재료 본연의 맛을 강조하는데 팀호완이 딱 그렇다. 대표적으로 새우딤섬 찡잉신하가우晶瑩鮮蝦餃를 먹어보면 그 철학을 단번에 알 수 있다. 보통 딤섬집에서 먹는 새우교자와는 비교도 할 수 없을 정도로 새우가 실하고 탱글하다. 얇게 감싼 피를 살짝 베어물면 새우의 육즙이 피슉 튀어나오는데 입안에서 가득 퍼지는 새우의 풍미가 매우 황홀하다.

딤섬의 대표주자 하가우를 맛보았으면 다음은 씨우마이를 맛볼 차례다. 신하씨우마이웡鮮蝦燒賣皇은 돼지고기와 새우가 고루 섞여 있어 재료의 비율에 따라 맛이 천차만별로 달라지기에 딤섬집의 수준을 보여주는 바로미터 같은 메뉴다. 역시나 팀호완의 씨우마이는 밸런스가 참 좋다. 돼지고기 완자가 마치 어묵같이 단단하면서도 육즙이 가득하다. 새우는 돼지고기 속에 감초처럼 끼어 있는데 돼지고기의 풍미를 해치지 않으면서도 탱탱한 식감을 선사한다. 감싼 피 역시 쫄깃하고 부드러워 돼지고기, 새우와 훌륭한 조화를 이룬다.

찡잉신하가우　신하씨우마이웡

그 외에도 차씨우고기를 쌀로 만든 반죽으로 얇게 감싼 청판腸粉 막메이차씨우취앙蜜味叉燒腸, 그리고 진피귤껍질를 넣은 소고기 미트볼 찬페이야오육카우陳皮牛肉球 역시 추천하는 메뉴다. 한국에서는 쉽게 맛볼 수 없는 딤섬들이기 때문에 이곳에서 원조의 맛을 확실히 즐기기를 바란다. 마지막으로는 포슬포슬하면서도 달콤한 술빵 같은 딤섬, 헝왘마랏꺼우香滑馬拉糕를 후식 디저트처럼 맛보면 팀호완에서의 딤섬투어가 성공적으로 마무리되는 셈이다.

그런데 사실상 팀호완의 하이라이트 장소는 바로 카운터다. 계산서를 집어드는 순간 누구나 자기 눈을 의심한다. 호텔 수준의 딤섬맛을 즐겼는데 가격이 이렇게나 저렴하다니! 하지만 생각해보면 누구나 가볍게 먹을 수 있는 점과도 같은 음식인 딤섬의 가격 역시 누구나 지불할 수 있을 정도로 합리적이어야 하는 게 당연한 법. 이처럼 팀호완은 마지막까지 딤섬의 본래 의미를 곱씹고 나오게 만드는 홍콩의 진짜 딤섬 맛집이다.

찬페이야오육카우　청판

홍콩스타일 떡볶이

홉익타이
合益泰
Hop Yik Tai

INFO

ADD 深水埗桂林街121號
TIME 06:30-20:00
HOW TO GO
MTR 삼수이포深水埗
C2 출구 도보 1분
Google Map
22.330435, 114.161246

소스를 넉넉히 올린 청판

홍콩에는 미슐랭 가이드에 오른 집이 많다. 그중에는 '이런 집이 미슐랭을 받았다고?' 생각할 정도로 허름하고 작은 노포도 많은데 그런 맛집 중 대표적인 곳이 홉익타이다. 홍콩 내에서 꽤 명망 있는 맛집으로 사실 겉보기에 이 집은 한국의 떡볶이집 정도로 아담하고 찾는 사람들도 대부분 관광객이 아니라 슬리퍼를 끌고 나온 가족 단위의 동네 주민들이다.

메뉴도 소박하기 짝이 없다. 이곳의 주요 메뉴는 고추장을 안 묻힌 기다란 떡볶이 같은 것으로 모든 테이블에 이 '흰 떡볶이'만큼은 꼭 올라가 있는 모습을 목격할 수 있다. 과연 이 흰 떡볶이의 정체는 무엇일까? 참고로 이른 아침이면 홍콩사람은 이 음식을 사기 위해 홉익타이 앞에 길게 줄을 선다. 어떤 사람은 포장해서 집으로 가지고 가고, 어떤 사람은 포장을 풀러 점포 바깥 길거리에서 가볍게 먹는다.

이것은 홍콩의 딤섬 종류 중 하나인 청판腸粉인데, 홉익타이의 청판은 형태가 조금 다르다. 일반적으로 청판은 쌀가루 반죽에 고기나 새우를 넣고 돌돌 말아 먹기 좋은 크기로 자른 형태인데 이곳은 마치 떡볶이처럼 길쭉하고 안에 아무것도 들어 있지 않다. 덕분에 이 집의 청판은 보통의 청판보다 더 먹기 간편하면서 쌀맛 특유의 담백함이 강하다. 게다가 소스야말로 하이라이트다. 보통 청판에 간을 하기 위해 묽은 간장소스를 뿌리는데, 여기는 시중 소스를 사서 쓰지 않고 몇 가지를 섞어 이 집만의 특별 소스를 만든다. 그래서인지 이 소스 때문에 미슐랭에 오른 게

청판의 묽은 소스   노마이균

아닌가 싶을 정도로 어디서도 먹어보지 못한 맛을 완성한다. 일단 소스에서 피넛버터 같은 맛이 나면서도 간장맛이 함께 느껴진다. 고소하고 달달하면서도 짭짤한 게 은근히 중독성 있는 맛이다. 거기다 적당히 묽어 청판에 아주 잘 흡수된다. 이곳의 소스 제조법은 알려진 적이 없고 홍콩 전체에서 청판에 어울리는 가장 맛있는 소스라는 평가를 받는다.

그 외에 돼지고기 소의 씨우마이 역시 저렴한 가격에 먹어볼 법하다. 다른 고급 딤섬집들과 맛은 비슷하지만 가격은 그보다 훨씬 착해 출출할 때 가볍게 배를 채울 수 있다. 하얀 찐빵 안에 찹쌀밥을 넣은 노마이균糯米卷도 괜찮다. 이 역시 딤섬의 한 종류인데 포실포실한 빵 안에 쫀득달달한 찹쌀밥이 들어가 있다. 씨우마이와 더불어 홍콩의 딤섬을 저렴한 가격에 가볍게 먹어보고 싶을 때 추천한다.

홉익타이는 홍콩물가치고 굉장히 저렴한 가격이면서도 만족도는 높다. 특히 홍콩 어디서도 먹어보지 못했던 독특한 청판은 한국에 와서도 아른아른 생각이 난다. 심지어 한국 밀떡볶이에 코스트코 피넛버터를 버무려 그 맛을 재현해보고 싶을 정도다. 하지만 역시 원조맛은 따라잡지 못하리라.

홍콩의 코코넛밀크

킹오브코코넛

椰汁大王
King of Coconut

INFO

ADD 旺角登打士街43H號
TIME 12:00–23:00
HOW TO GO
MTR 야우마테이油麻地
A2 출구 도보 5분
Google Map
22.315599, 114.171219

일반적으로 홍콩에서 꼭 먹어봐야 할 음료로 후이라우산許留山의 망고주스를 꼽았다. 그런데 몇 년 전 후이라우산이 파산하여 자취를 감춘 뒤, 홍콩에서 꼭 먹어봐야 할 음료는 '코코넛밀크'가 되었다. 킹오브코코넛은 오직 코코넛밀크만 판매하는 집으로 홍콩에 세 개 지점이 있는데, 번화가인 야오마테이와 몽콕旺角, 삼수이포深水埗에 위치해 어렵지 않게 찾아볼 수 있다. 홍콩 내에도 이름만 같은 유사업체가 있으니 미리 구글맵에 찍어놓고 찾아가는 것이 좋다.

이 집 코코넛은 태국이나 말레이시아산을 사용하며 연유와 혼합하여 제조한다. 보통 코코넛음료가 코코넛만 사용해 약간 코코넛 비린내가 나는데 여기는 연유와 섞은 덕에 달달하니 한국사람 입맛에 잘 맞는다. 그러면서도 코코넛 특유의 화사한 향도 있어 여름철 갈증 날 때 마시면 딱이다. 금액을 추가하면 팥이나 펄을 넣을 수 있지만 코코넛 고유의 상쾌함이 사라지기 때문에 그냥 그대로 먹는 게 낫다. 참고로 크기는 테이크아웃 컵과 생수통 같은 큰 통이 있다. 생수통 크기는 다소 가격이 있고 혼자서 다 먹기에는 부담스러운지라 그냥 테이크아웃 잔 크기를 먹는 것을 권한다.

코코넛음료

다양한 스페셜티 커피로 유명한 카페다. 몽콕 동쪽의 외진 곳에 있고 규모는 아담하지만 관광객과 현지인들로 늘 만석이다. 이 카페를 차린 패트릭 탐$^{Patrick\ Tam}$은 원래 안과의사였다는 특이한 이력을 가졌다. 카페를 차리기 전 그는 전 세계의 커피를 맛보는 취미가 있었는데 2009년 어떤 허름하고 작은 간이카페에서 커피를 맛보며 큰 감동을 받았다. 나중에 다시 그 카페를 찾아가 커피맛을 극찬했는데 알고 보니 그 작은 카페의 바리스타가 세계 커피대회 우승자였다고 한다. 이를 계기로 그는 커피감별사가 되려는 꿈을 꾸었고 홍콩의 1세대 Q-Grader^{커피감별사}로 활약하게 되었다.

안과의사의 스페셜티 커피
넉박스
커피컴퍼니
Knockbox Coffee Company

INFO
ADD 旺角黑布街23號
TIME 11:00–18:00
HOW TO GO
MTR 몽콕旺角
E2 출구 도보 5분
Google Map
22.317583, 114.172558

(왼)더티 (우)아포가토

2011년 그는 의사생활을 접고 싱글머신 한 대와 주전자, 커피잔 몇 개로 커피 영업을 시작하였다. 패트릭은 카페를 오픈했을 때는 자신의 이름과 의사 신분을 철저히 숨겼고 맛으로 인정받은 후에야 비로소 자신에 대해 공개하였다.

카페 규모는 크지 않지만 패트릭의 꼼꼼함이 인테리어 곳곳에 묻어 있다. 메뉴판과 가게 안에는 커피의 추출 방법이나 종류 분류를 그림으로 알기 쉽게 표시해놓아 취향에 따라 주문할 수 있다. 그중 가장 유명한 더티Dirty는 비유하면 한국에서 마시는 플랫화이트Flat White와 유사한 맛이다. 플랫화이트는 라떼보다 에스프레소의 양이 많아 더욱 씁쓸한 맛을 자아내는데 더티는 에스프레소보다 더 진한 리스트레토Ristretto를 부어 플랫화이트보다 더 씁쓸하다. 부드러운 우유 역시 따뜻하지 않고 차가워 마치 비엔나커피를 반대로 먹는 듯한 느낌이 든다. 뜨거운 리스트레토와 차가운 우유는 잘 섞이지 않아 첫입은 뜨겁고 끝입은 차갑게 끝나는 조화가 매우 묘하다. 마치 에스프레소와 우유를 따로 마시는 느낌이랄까. 그러면서도 입안에서 섞이는 조화가 매우 미묘하다. 한국에서는 쉽게 마셔볼 수 없는 메뉴라 커피를 좋아하는 사람이 방문하면 크게 만족할 듯하다.

리스트레토의 향이 풍부하기 때문에 아이스크림커피 아포가토Affogato 역시 맛있다. 특히 이곳은 바닐라아이스크림의 순도가 매우 높다. 보통은 아포가토에 시중 바닐라아이

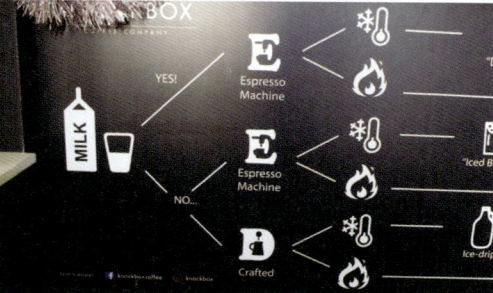

스크림을 사용하는 반면 여기서는 직접 바닐라아이스크림을 만드는 게 아닌가 싶을 만큼 바닐라빈의 향이 굉장히 강하다. 풍미가 깊고 부드러운 바닐라아이스크림과 씁쌀하고 시큼한 커피의 조화가 황홀하다.

이처럼 넉박스커피컴퍼니의 패트릭은 도저히 원래 직업이 의사였다고는 믿기지 않을 정도로 훌륭한 커피맛을 제조해낸다. 여전히 의술도 놓지 않고 있는데 실제 지금도 매년 2회 이상 남미의 커피농장에 찾아가 의료봉사도 하고 있다. 니카라과와 온두라스, 콜롬비아 지역을 돌며 2주에 100명 이상의 사람들에게 눈검사를 해주고 현지의 커피도 공부하고 오는 것이다.

커피의 맛뿐 아니라 마음씨 역시 섬세한 패트릭의 넉박스커피컴퍼니다.

최고급 재료로 섬세하게
빚어낸 디저트

조이풀
디저트하우스

Joyful Dessert House

INFO

ADD 旺角黑布街74號
TIME 15:00-01:00(월-금)
14:00-01:00(토-일)
HOW TO GO
MTR 몽콕旺角
E2 출구 도보 5분
Google Map
22.317732, 114.172793

홍콩에서 가장 인기있는 디저트 가게인 조이풀디저트하우스는 디저트숍이 즐비한 몽콕 카페거리에서 단연 돋보이는 곳이다. 그런데 유명해져 매출이 가파르게 올랐어도 너무 좋은 재료를 사용해 창업자본을 회수하는 데까지 오랜 시간이 걸렸다고 한다. 그만큼 디저트를 만드는 데 있어서 신선하고 좋은 재료를 고집하는 곳이라서 디저트 하나하나마다의 만족도가 매우 높다.

이곳에서 제일 유명한 메뉴는 역시 신선한 망고를 사용한 나폴레옹망고Napoleon Mango다. 밀푀유에 커스터드크림을 듬뿍 올리고 그 위에 생망고를 두둑하게 얹은 이 디저트는 보기만 해도 입안 가득 달콤함이 느껴지는 듯하다. 특히 옆에 망고아이스크림을 함께 얹어 서빙하는데 그 맛이 매우 고급스럽다. 밀푀유와 커스터드, 망고아이스크림, 생망고를 함께 레이어해서 한입에 넣으면 그야말로 천상의 맛이다. 밀푀유의 바삭한 질감과 망고의 시원함과 촉촉함, 그리고 아이스크림의 달콤함까지 입에서 모든 식감의 하모니가 펼쳐진다. 그러면서 왜 여기가 이렇게 유명세를 타는지 수긍하며 고개를 끄덕이게 된다.

재밌는 점은 디저트가 서빙되고 너무나 예뻐 한참 사진을 찍었는데도 그 맛이나 형태가 변하지 않았다는

나폴레옹망고

맛차아이스크림과 팥앙금

점이다. 여기에서도 주인장의 세심한 배려를 느낄 수 있다. 홍콩에서는 먹기 전에 사진부터 찍는 행위를 사진기가 먼저 먹는다는 뜻의 '씨앙께이신쌔相機先食'라고 명명할 만큼 예쁜 음식사진을 찍는 문화가 널리 퍼져 있다. 조이풀디저트하우스의 주인장은 이러한 촬영 패턴에 주목하여 시간이 지나도 음식이 눅눅해지거나 형태가 퍼지지 않는 노하우를 개발하였다. 그 덕에 조이풀디저트하우스는 아름다운 모양뿐 아니라 신선하고 고급스러운 맛 역시 그대로 유지한다.

맛차그린티라바케이크 역시 이곳에서 유명한 메뉴다. 보기에는 맛차케이크와 맛차아이스크림이 올려진 디저트 같은데 케이크의 가운데를 가르면 뜨거운 녹차초콜릿이 스르르 흘러나온다. 서둘러 녹차케이크를 초콜릿에 적시고 맛차아이스크림까지 얹어서 먹으면 쌉쌀한 녹차와 달콤한 아이스크림과 초콜릿이 입안에서 섞이며 하모니를 만들어낸다. 여기에 취향 따라 달달한 팥앙금까지 곁들여 먹으면 일본식 전통 디저트 같은 느낌도 자아낸다.

전반적으로 이곳의 디저트를 먹어본 뒤의 소회는, 맛의 밸런스를 많이 연구한 집이란

맛차 그린티 라바 케이크

것이다. 디저트 특유의 과하게 달콤한 설탕맛을 절제하고 아이스크림과 빵과 크림의 균형을 잘 잡아 하나의 예술작품 같은 디저트를 완성했다. 특히 너무나 좋은 재료를 사용한 덕에 맛의 구성 하나하나의 완성도가 높은데 더 나아가 그 맛이 합쳐졌을 때는 대폭발이 일어난다. 물론 매장 인테리어가 다소 협소하여 답답한 느낌이 있지만 디저트나 플레이팅 등이 섬세하고 아기자기해 이런 불편함은 금세 잊게 된다. 디저트의 구성뿐 아니라 식기구 역시 깔끔하면서 조화로워 대충 사진을 찍어도 굉장히 예쁘게 나오는 것 역시 훌륭한 장점이다.

맛과 멋, 명성 등 종합적으로 고려해봤을 때 조이풀디저트하우스는 홍콩 디저트 순례에서 필수적인 코스다. 조이풀디저트하우스의 이름을 꼭 기억해두자.

트렌디한 분위기에서
즐기는 딤섬

딤 딤 섬
點點心
Dim Dim Sum

INFO

ADD 旺角通菜街106號
TIME 10:00~23:30
HOW TO GO
MTR 몽콕旺角
D2 출구 도보 3분
Google Map
22.320000, 114.170478

한국에서 딤섬은 특별한 날에 먹는 중국요리로 알려져 있지만, 실질적으로 홍콩에서 딤섬은 마치 한국의 백반과도 같은 평범한 일상의 끼니다. 같은 백반집이라 하더라도 인사동의 고급스러운 한정식부터 김밥천국의 패스트푸드까지 그 층위가 다양한 것처럼, 딤섬 역시 다양한 수준의 레스토랑이 존재한다.

이번에 소개할 곳은 젊은 사람의 입맛에 맞춘 트렌디한 딤섬집이다. 레스토랑 이름은 딤딤섬으로 아기자기한 일러스트와 감각 있는 폰트가 눈길을 사로잡는다. 심지어 늦은 밤까지 영업을 하기 때문에 홍콩에 늦은 시간에 도착한 허기진 여행자에게도 아주 좋은 선택지다. 거기다 영어 메뉴판이 따로 있어 외국인도 쉽게 음식을 알아볼 수 있고, 원하는 메뉴를 용지에 체크해 제출만 하면 되기 때문에 주문 역시 간편하다. 가격도 상대적으로 저렴하고 부담이 없어 새로운 딤섬을 시도해보기도 좋다.

헌데 캐주얼한 콘셉트 때문에 맛 역시 가벼우리라 생각한다면 큰 오산이다. 물론 고급 레스토랑에서 선보

씨우짭윙케이지

씨우짭푸페이찐쮸

이는 깊고 그윽한 맛은 아니지만, 적어도 외국인들이 딤섬에 기대하는 표준적인 맛은 훌륭히 구현해낸다. 그래서 의외로 홍콩의 딤섬집 중 딤딤섬이 가장 입맛에 맞았다고 말하는 한국인도 많다.

가장 추천하는 메뉴는 하이지씨우마이웡蟹子燒賣皇과 크리스피새우청판인 췌이페이신하추엉脆皮鮮蝦腸이다. 하이지씨우마이웡은 다진 돼지고기와 게살을 넣은 씨우마이인데, 탱글한 식감과 함께 날치알이 톡톡 터지며 돼지고기의 육즙이 일품이다. 췌이페이신하추엉은 새우튀김에 청판을 말아 쪄낸 것으로 부드러운 식감에 바삭한 튀김의 궁합이 특별하다. 찡잉신하가우晶瑩鮮蝦餃와 연잎밥인 와이까우눠마이까이懷舊糯米雞 역시 무난하게 다른 딤섬과 곁들여 먹기 좋다. 특히 와이까우눠마이까이는 찹쌀밥에 간장조림 닭고기를 함께 쪄낸 음식으로 쫀득하고 부드럽다.

딤딤섬에서 특별한 메뉴를 맛보고 싶다면 씨우짭푸페이찐쮸燒汁虎皮尖椒와 씨우짭윙케이지燒汁釀茄子를 추천한다. 정통 딤섬집에서는 쉽게 접할 수 없는 메뉴인데 젊은 사람들의 입맛에 맞추어 새롭게 개량하여 내놓은 듯하다. 특히 씨우짭푸페이찐쮸는 속을

췌이페이신하추엉

하이지씨우마이웡

파낸 고추에 돼지고기를 다져 넣어 튀긴 음식인데 마치 한국의 고추전 같아 한국사람 입맛에 잘 맞는다. 씨우짭윙케이지는 가지의 속을 비우고 그 안에 새우와 돼지고기를 다져 넣어 쪄낸 음식으로 가지의 물컹한 식감과 돼지고기의 쫀득한 식감이 조화롭다. 그 위에 테리야끼소스를 발라 달달하면서 짭짤한 게 입맛을 돋운다.

달달한 후식으로 먹을 수 있는 딤섬을 원한다면 마지막으로 피기커스터드번 깜사페이 쥐자이 金沙肥豬仔를 추가해보자. 노란 돼지 눈동자에 빨간 점이 콕콕 박힌 비주얼이 다소 괴기스럽다. 거기다 돼지의 콧구멍을 젓가락으로 꾸욱 누르면 마치 콧물처럼 번에서 노란 커스터드가 쭈욱 나온다. 실로 엽기적인 딤섬이다. 그러나 커스터드크림 특유의 달콤한 맛이 입안을 감싸며 식사의 마지막을 장식하는 데 손색이 없다. 비주얼은 황당해도 맛은 황홀하다.

메뉴들의 가성비까지 훌륭하니 자연스럽게 해외 매체들이 주목할 수밖에 없다. 2011년

깜사페이쥐자이

글로벌 매거진 〈타임 아웃Time Out〉에서는 딤딤섬의 딤섬을 '홍콩에서 가장 맛있는 딤섬'으로 평했고, 2012년 〈뉴스위크Newsweek〉지에서는 '전 세계 101군데 최고의 식당'에 선정하였다. 〈세계 유명 셰프들의 음식 가이드 2013〉에도 이름을 올린 적이 있을 정도다. 딤딤섬은 한국에 2016년 진출하여 현재 전국의 수많은 백화점에 입점해 있을 정도로 성공적으로 안착하여 한국사람에게도 본토 딤섬의 맛을 전파하고 있는 중이다.

찡잉신하가우

와이까우눠마이까이

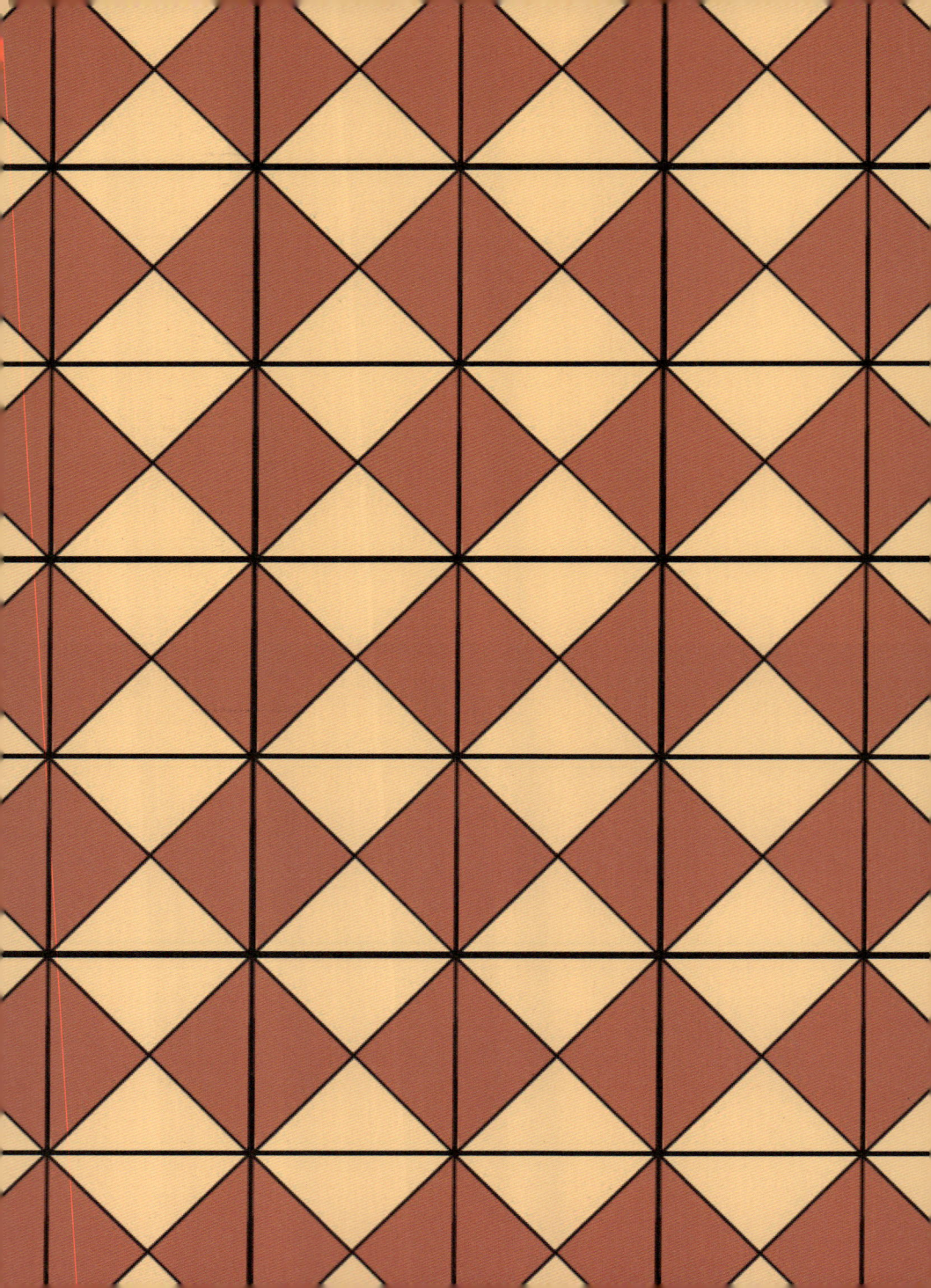

CHAPTER 5
기타 지역

Mainland

H.K. Island

우유 한 잔 하러 산꼭대기까지

팜밀크 컴퍼니리미티드

農場鮮奶有限公司
Farm Milk Co. Ltd.

INFO

ADD 元朗石崗甲龍村雷公田78號
TIME 09:00~17:00(토·일 및 공휴일)
월·금 휴무

HOW TO GO
취안완荃灣에서
버스 약 40분+도보 15분

Google Map
22.422849, 114.103429

홍콩 하면 떠오르는 음식을 물어보면 으레 화려한 딤섬, 달콤한 밀크티, 바삭한 제니쿠키 등을 꼽는다. 그러나 정말 의외로, 홍콩은 우유가 유명한 곳이다. 홍콩의 화려하고 높은 마천루와 소박하기 짝이 없는 흰색의 우유라니, 이미지가 너무 어울리지 않아 잘 상상이 가지 않는다. 그러나 홍콩에는 영국령이 되면서 스코틀랜드 사람이 일찍이 들어와 설립한 우유 공장이 있다. 유독 밀크티, 푸딩 등 유제품을 응용한 디저트류가 발달했다. 실제 홍콩 편의점에 가보더라도 다른 음료보다 흰 우유의 비율이 다른 도시보다 월등히 높다.

화려한 도시 홍콩의 중심부에서 벗어나면 직접 우유 목장을 방문하여 신선한 우유를 마셔볼 수 있는데 창립된 지 40년이 넘은 팜밀크컴퍼니리미티드가 바로 그곳이다. 이 회사의 설립자 제러드 클락Gerald Clark은 영국 군인 출신으로 퇴역 후 동료들과 함께 조국으로 돌아갈 수 있었음에도 홍콩에서의 삶을 사랑하여 홍콩에 정착하기로 결심했다. 그러고는 어렸을 때 스코틀랜드에서 즐겨마시던 신선한 우유의 맛을 잊지 못하고 직접 우유 목장을 설립했다. 그는 우유를 희석하지 않고 오로지 원유 100%를 제공하는 것을 목표로 하여 큰 성공을 거두었다.

주말에만 운영하는 이 목장의 매점에 방문하면 가공 전의 순수한 우유를 맛볼 수 있어 유제품 매니아라면 꼭 한 번 들러봐야 할 홍콩 우유 성지 중 한 곳이다.

그런데 이 목장에 가려면 다소 까다로운 여정을 거쳐야 한다. 홍콩 시외의 국립공원 타이람 컨추리파크大欖郊野公園 안에 있는데 먼저 지하철 취안완荃灣라인의 종점역인 취안완으로 가서, 작은 버스를 타고 30분쯤 산을 굽이굽이 올라가야 한다. 우유 한번 먹겠다고 현지 등산객들과 뒤섞여 엉덩이 아픈 허름한 작은 버스를 타고 올라가노라면 대체 이게 뭐하는 짓인가 싶어진다. 그런데 이게 끝이 아니다. 다시 큰 버스를 갈아타서 산 꼭대기로 올라간다. 그러면 사람 하나 없는 한적한 정류장에 덜컥 내려주는데 도저히 홍콩이라고 볼 수 없는 쾌적한 자연과 푸른 하늘의 산림욕장이 눈앞에 펼쳐진다. 자연 그대로를 즐길 수 있는 곳이라 홍콩사람도 주말 캠핑장으로 쓰는 듯 삼삼오오 나와 고기와 소시지를 굽고 있다. 그들도 대체 왜 외국인이 이 한적한 시골까지 찾아왔나 싶은 듯 신기한 눈치다.

빠판빠순신나이와 푸딩

따가운 시선을 뒤로하고 캠핑장을 지나 또다시 15분쯤 걷다 보면 젖소 무늬의 허름한 건물이 나오는데 이 건물이 바로 우리가 찾아가려고 하는 곳이다. 대체 이 구석진 목장에 우유 한 잔 마시러 누가 올까 싶지만 놀랍게도 가족 단위로 놀러온 홍콩 현지인들이 이미 우유를 마시고 있었다. 또 우리가 있는 동안 멋지게 라이더복을 빼입은 바이크 라이더 동호회원인 듯한 사람들이 우르르 몰려와 우유 한 잔을 깔끔하게 마시고 다시 오토바이를 몰고 떠났다. 놀라운 광경이었다.

그러나 명성에 걸맞지 않게 메뉴는 단출하기 짝이 없다. 100% 순우유라는 뜻의 빠판빠순신나이百份百純鮮奶는 일반우유와 저지방우유, 무지방우유, 세 종류가 있으며 푸딩은 우유푸딩 단나이燉奶, 망고푸딩 신나이몽궈버땡鮮奶芒果布甸, 생강푸딩 꽁짭쫑나이薑汁撞奶가 있다. 약오른 마음에 모든 종류를 다 시켜보았다. 이 고생을 하고 왔으니 남는 건 오기밖에 없었다. 과연 대체 얼마나 맛있는 우유이기에 대체 이렇게 산 넘고 물

꽁짭쭝나이   신나이몽궈버땡

건너 와야 하나. 결론부터 얘기하면 지금껏 먹어본 적 없는 우유이기는 했다. 첫 모금을 마시고 나온 말이 내 심정을 그대로 대변한다. "이게 우유야?" 보통 맥주 공장에서 맥주를 마시면 다들 자기가 평소 먹던 맥주가 얼마나 많은 추가 과정을 거쳤는지 알게 되는데, 우유 목장에서 맛보는 우유도 그렇다. 우리가 생각하는 우유 특유의 비린내가 전혀 없이 마치 물처럼 깔끔하다. 우유를 먹고 나면 우유의 진한 향이나 잔여물이 입에 맴도는데 이곳의 우유는 물을 마신 것처럼 입안에 아무것도 남지 않고 신선하며 청량하다. 그럼에도 끝맛은 매우 고소하여 목구멍에 넘어가고 나서야 우유라는 것을 깨닫는다. 지금까지 먹어보지 못한 우유의 신세계를 체험한 기분이랄까.

이 신선한 우유로 만든 푸딩 역시 더할 나위 없이 깔끔하다. 가장 기본적인 맛의 단나이는 푸딩이 아니라 순두부를 먹는 것 같다. 일반적인 푸딩의 설탕맛이 아니라 달걀맛이 강하고 푸딩에서 배어나오는 우유의 고소함 역시 매우 인상적이었다. 푸딩을 좋아하는 사람이라면 지금껏 먹어본 적 없는 시원하고 정직한 푸딩맛에 흠뻑 빠져들 것이다.

신나이몽궈버땡 역시 푸딩맛이 맑은데 망고향은 그리 강하지 않아 일반 망고푸딩을 생각하면 다소 실망할 수 있다. 오히려 홍콩 시내에서 먹는 망고푸딩이 더 맛있고 여기 것은 평이하다. 가장 인상적이었던 건 바로 생강푸딩 꽁짭쫑나이. 이름부터가 낯설다. 우리가 알고 있는 그 '생강'을 푸딩에 섞었다고? 그러나 이 푸딩을 한입 떠먹는 순간 누구나 이런 말을 내뱉는다. "우와, 정말 생강이야!"

보통 생강푸딩이라 하면 향만 살짝 가미되었겠거니 생각하지만 생강 농축액을 범벅해 놓은 것처럼 생강맛이 강하다. 진한 생강차에 달지 않은 푸딩을 섞어먹는 느낌이랄까. 생강향의 알싸한 향이 참 강하여 심지어 푸딩이 씁쓸하기까지 하다. 한약맛 푸딩 같달까. 그러나 묘하게 이 생강푸딩에는 중독성이 있었다. 처음에는 그 낯선 맛에 기겁하나 먹기 시작하면 의외로 계속 손이 간다. 푸딩의 느끼할 수 있는 맛을 생강의 톡 쏘는 맛이 잡아주며 끝맛은 의외로 달콤하다. 신기한 맛에 계속 퍼먹다 보면 어느새 무한 숟가락질의 루프를 그리게 된다. 실제 세 개의 푸딩 중 가장 빨리 동난 게 이 생강푸딩이었다.

푸딩과 우유를 모두 해치우고 멍하니 하늘을 보니 푸르고 높은 산이 시야에 들어온다. 이렇게 홍콩 하늘이 맑았나…. 홍콩에도 산이란 게 있었나…. 내 살다살다 홍콩에서 이렇게 멍하니 산을 보며 우유를 먹게 될 줄이야…. 때로는 홍콩에 와서 빌딩이 아니라 산을 바라보며, 밀크티가 아니라 우유를 마셔보는 것 역시 홍콩 미식여행의 이색적인 경험이리라. 특히 한국에서 맛볼 수 없는 쾌청한 우유맛을 즐길 수 있어 우유를 좋아하는 사람이라면 이렇게까지 해서 찾아온 노력이 결코 아깝지 않을 것이다. 그러나 다시 엉덩이 아픈 버스를 타고 45분가량 덜컹덜컹 산을 내려가면 역시 이런 경험은 한 번으로 족하다고 생각할지도 모르겠다. 이 목장을 방문하기 전에 본인의 우유에 대한 애정도부터 꼼꼼히 체크하기를 권한다.

입안 가득한 망고와 생크림

허니문디저트
滿記甜品
Honeymoon Dessert

INFO

ADD 西貢普通道9號
TIME 14:00~23:30(일~목)
　　　 13:00~00:00(금~토)
HOW TO GO
MTR 초이홍彩虹에서
버스 약 1시간
Google Map
22.381522, 114.270397

우리의 해외 맛집투어 제1원칙이 '먹는다면 무조건 본점에서'다. 아무리 본점의 맛을 완벽히 카피하는 분점이라도 본점의 손맛과는 미묘하게 다르고 혹여라도 분점의 맛이 미흡할 시 두고두고 본점 방문에 대한 아쉬움이 남기 때문이다. 그래서 아무리 멀고 교통이 험하더라도 '본점'의 원칙을 고수하고 있다.

그러나 이번 허니문디저트는 이 원칙을 지키는 것이 그리 쉽지 않았다. 홍콩, 마카오, 싱가폴, 심지어 중국 각지에 진출한 세계적 프랜차이즈이지만 본점은 홍콩의 중심부에서 너무나도 먼 서쪽 휴양지역인 사이공 西貢에 위치해 있었기 때문이다. 그러나 이대로 본점의 원칙을 포기하면 두고두고 아쉬울 터, 작심하고 여행 중 하루를 허니문디저트에 투자하기로 결심하고 허니문행… 아니, 허니문디저트행 버스에 몸을 실었다.

작정하고 가는 길이지만 허니문디저트로의 여정은 너무나 힘난했다. 사이공에 가기 위해서는 홍콩 중심부에서 멀리 떨어진 지하철역에서 내린 다음 마을버스를 타야 했는데 이 버스는 70년대 한국의 시골버스처럼 좌석이 매우 좁고 심하게 덜컹거렸다. 사정없이 흔들거리는 버스에 구겨져 앉은 채로 1시간가량이 지나니 엉덩이에서 감각이 사라졌다. 버스는 굽이굽이 몇 번의 산을 넘고 바다를 건넜다. 가도가도 목적지가 나오지 않으니 내가 무슨 부귀영화를 누리겠다고 그곳까지 디저트를 먹으러 가는 건가 후회가 됐다.

다행히 우여곡절 끝에 도착한 허니문디저트의 고장, 사이공은 너무나도 아름다운 휴양지였다. 홍콩에서 볼 수 없는 푸른 바다와 커다란 잎사귀의 야자수, 곳곳에 수영복 차림으로 거리를 활보하는 사람들이 눈

외관은 생각보다 허름했던
허니문디저트 본점

영지깜로

에 보이는 풍경은 마치 홍콩이지만 하와이 같은 느낌이었다. 홍콩사람은 과거에 이곳으로 신혼여행을 많이 왔다고 하니 '허니문디저트'는 실제로 허니문을 와서 먹는 디저트였던 셈이다!

마침내 당도한 허니문디저트의 본점은 생각보다 아담했다. 백화점에 으리으리하게 입점한 다른 프랜차이즈 지점들과 다르게 본점은 생각보다 넓지 않았고 빛 바랜 천막이 이곳의 역사를 말해주고 있었다. 또 본점 사이공의 허니문디저트는 두리안 구역과 비(非)두리안 구역으로 나누어서 운영하는 것이 특이했다. 이는 두리안 냄새를 싫어하는 사람을 위함이라 하니 역시 본점의 섬세한 배려는 남다르다 싶었다.

메뉴판을 훑어보니 홍콩의 여느 디저트집들처럼 종류가 매우 다양하다. 허니문디저트는 망고와 두리안을 이용한 디저트가 유명한데 사실 한국사람에게 가장 유명한 메뉴는

몽고빤끽

역시 망고 팬케이크인 몽고빤끽芒果班戟이다. 차갑고 얇은 팬케이크가 부드러운 생크림과 신선한 망고를 감싼 몽고빤끽은 이곳에서 처음 시작한 메뉴로 홍콩 미식투어에서 꼭 먹어봐야 할 음식 중 하나다. 산을 넘고 바다를 건너 이곳 본점까지 온 이유도 바로 허니문디저트의 이 망고 팬케이크를 제대로 느끼기 위함이었다. 얇은 팬케이크와 생크림, 망고는 만드는 사람의 솜씨에 따라 맛의 조화에 큰 차이가 나는 조합이기 때문에 분명 본점과 지점은 그 맛의 결이 다르리라는 생각에서였다.

손바닥만 한 작고 가벼운 몽고빤끽이 테이블 위에 서빙되자 기대와 걱정을 안고 한입 베어물었다. 입에서 망고의 새콤한 과육이 터지는 순간 이걸 먹으러 여기까지 달려온 내 자신이 자랑스러웠다. 한국의 그 누구도 이 망고 팬케이크의 진정한 맛을 느끼지 못했으리라.

작고 가벼운 디저트이지만, 맛은 정확히 3단계로 구별된다. 첫째는 망고 자체의 새콤함이다. 망고 과육이 매우 두툼하고 무척 신선해서 입안에 상큼한 망고향이 가득 퍼진다. 새콤함이 사그라들 때쯤 달콤하고 부드러운 생크림이 다시 혀를 휘감으며 마지막에는 팬케이크의 쫄깃한 식감이 남아 입안을 감싼다. 단순한 팬케이크이지만 너무나도 완벽한 밸런스다. 이후 홍콩의 다른 허니문디저트 분점에서 이 망고 팬케이크를 똑같이 시켜 먹어봤는데 결코 이 맛을 재현하지 못했다. 망고가 다소 무르거나 설익었고 생크림은 느끼했으며 피는 두꺼웠다.

가는 길은 멀고 험해도 왜 맛집은 꼭 본점에 가서 먹어야 하는지를 다시 한번 허니문디저트가 입증한 셈이다.

망고 팬케이크와 더불어 이곳의 시그니처 메뉴 중 하나인 영지깜로楊枝甘露 역시 맛보았다. 영지깜로는 사고野자나무에서 만들어내는 녹말을 작은 알갱이로 만든 것, 망고, 포멜로중국 자몽 알갱이로 만든, 홍콩에서 흔하게 볼 수 있는 디저트다. 구슬 같은 포멜로의 톡톡 튀는 식감과 사고 알갱이인 쫄깃한 떡의 조화가 매우 신선한데 한국에서는 쉽게 맛볼 수 없는 재료들이라 한번쯤 먹어볼 법하다. 특히 망고와 포멜로를 함께 먹으면 마치 망고 국수를 먹는 것 같은 느낌이다. 청량하고 새콤달콤한 맛이라 망고 팬케이크를 먹은 다음 입가심으로 먹으면 경쾌하다.

두 메뉴를 10분 만에 뚝딱 해치우고 다시 홍콩 중심부로 돌아오는 마을버스에 올라탔다. 또다시 엉덩이가 바스라질 것 같은 버스에 앉아 1시간을 내달리려니 몸은 고달팠지만 후회는 없다. 적어도 세상에서 제일 맛있는 허니문디저트의 본점을 다녀왔다는 것만으로도 우리의 허니문은 성공이리라.

생크림과 망고, 얇은 팬케이크의 조화가 환상적이다

50년 역사의 전통 있는 차찬텡

청힝커피숍
祥興咖啡室
Cheung Hing Coffee Shop

INFO

ADD 跑馬地奕蔭街9號
TIME 07:00–17:00
HOW TO GO
TRAM 해피밸리跑馬地
종점에서 도보 약 3분
Google Map
22.269337, 114.184984

50년 역사를 자랑하는 전통 있는 차찬텡이지만 홍콩에서도 다소 외진 해피밸리에 있어 접근성이 떨어진다. 해피밸리는 코즈웨이베이銅鑼灣의 남쪽에 위치한 주거지역으로 지하철이 없어 오직 트램과 버스로만 갈 수 있다. 그러나 그만큼 조용하고 안정된 편이라 전통적인 부촌으로 손꼽히며 유명 연예인들 역시 많이 모여산다. 청힝커피숍 안에는 유명인사의 사인이 여럿 걸려 있는데 그래도 분위기가 고풍스럽고 조용해 현지인들의 진정한 차찬텡 문화를 경험해보고 싶다면 단연 추천한다.

오래된 노포답지 않게 매장의 외관이나 인테리어가 매우 깨끗한 것이 특징이다. 리모델링을 진행했으면서도 기존의 모습을 그대로 간직한 게 인상적인데, 특히 가게 이름인 '祥興咖啡室'을 전각으로 새긴 오래된 간판을 남겨놓아 이곳의 세월을 짐작할 수 있다. 사용하는 식기류 역시 전통의 모습을 간직하고 있다. 요즘은 흔히 쓰지 않는 두툼한 사기그릇에 담겨 있는 차찬텡 음식을 보노라면 마치 타임머신을 타고 40년 전의 홍콩으로 돌아간 느낌까지 든다.

추천하는 메뉴는 역시 전통 차찬텡 음식이다. 이곳도 파인애플번인 뽀로빠오菠蘿包, 에그타르트 단타蛋撻 등을 다양하게 갖추고 있는데 특히 이 집은 뽀로빠오 안에 햄버거처럼 다양한 재료들을 끼워서 파는 것으로 유명하다. 사테비프沙嗲牛肉, 런천미트에그餐肉煎蛋, 햄에그火腿煎蛋, 치즈스크럼블드에그芝士炒蛋, 딜리셔스포크스테이크惹味豬扒, 추천비프에그 쮜파이단야오招牌蛋牛 등 종류가 많은데 역시 이름답게 추천비프에그 쮜파이단야오가 가장 잘 팔린다. 달콤

다양한 속재료를 끼워놓은 뽀로빠오

신케이눙통하이릿

한 뽀로빠오에 소고기 다짐육 달걀부침을 끼운 이 요리는 마치 우리나라 육전과 서양의 소보루를 함께 먹는 느낌이다. 언뜻 잘 어울리지 않을 것 같지만 의외로 고기와 달걀, 빵의 맛 조화가 나쁘지 않다. 생각보다 고기가 두툼하여 하나만 먹어도 속이 꽤 든든하다. 뽀로빠오에 두툼한 버터를 낀 뽀로야우菠蘿油 역시 추천한다. 홍콩을 다니다 보면 많은 곳에서 뽀로야우를 먹을 수 있는데 빵의 굽기 정도와 버터의 멜팅 정도에 따라 집집마다 꽤 맛의 편차가 큰 음식이다. 그런데 여기는 빵은 따뜻하고 달콤하면서 두꺼운 버터는 매우 차가워 이 둘을 함께 베어먹는 재미가 쏠쏠하다. 버터소보루의 본래 맛을 잘 구현하는 집이라고 볼 수 있다.

현지 홍콩사람이 차찬텡에서 아침식사로 가장 많이 먹는 메뉴는 역시 푸오퇴통판火腿通粉이다. 직역하면 '햄마카로니'인데 닭육수에 마카로니와 햄, 청경채, 다진 고기를 넣어 끓여서는 수프처럼 훌훌 떠먹는 것이다. 푹 삶은 마카로니의 식감이 매우 부드러워 아침에 부담 없이 먹을 수 있다. 현지인의 아침식사를 경험해보고 싶다면 이 역시 시켜보기를 권한다.

조금 색다른 맛을 원한다면 식사 메뉴 중 '토마토스튜 계열'에 있는 신케이눙통하이릿鮮茄濃湯系列 역시 맛볼 만한다. 의외로 현지 여성분이 많이 먹는 메뉴인데 토마토의 새콤하고 건강한 맛과 국수 세면의 호로록한 식감이 꽤 잘 어울린다. 약간 물기 많은 토마토 파스타 같은데 이 역시 아침에 부담 없이 먹기 좋다. 칼로리가 낮은 편이라 다이어트를 염두에 둔 사람이라면 건강하면서도 맛있는 한끼를 즐길 수 있다.

함께 먹는 음료 종류로는 아몬드로 만든 차인 항송杏霜과 홍콩식 밀크티 헝농나이차香濃奶茶가 가장 인기가 좋다. 살짝 걸쭉한 농도의 향숑은 약간 분유맛에 아몬드의 시원한 향이 화하게 나는데 꽤 맑은 편이라 식사와 함께 먹기 부담 없다.

헝농나이차 역시 홍콩에 왔으면 기본 옵션으로 시

부담 없이 속 편한 푸오퇴통판

형농나이차

힝송

켜야 하는 음료다. 이곳의 형농나이차는 좀 더 달큰한 편인데 새콤한 토마토 면과 함께 먹기 좋다.

다만 이런 현지인이 중심이 되는 차찬텡의 단점은 메뉴 주문이 다소 복잡하다는 점이다. 시간대별로 메뉴 종류가 다양하고 세트 구성 역시 달라져 관광객이 와서 주문하기에는 어려운 편이다. 그러나 눈치껏 다른 사람이 먹는 메뉴를 참조해 주문하면 꽤 그럴싸한 차찬텡 아침이 완성된다. 청힝커피숍은 분명 한국 가이드북에 알려진 관광객이 많이 가는 차찬텡과는 다른 매력이 있는 곳이다.

'진짜' 딤섬을 찾아서

던키
端記茶樓
Duen Kee

INFO

ADD 荃灣荃錦公路川龍村57-58號
TIME 06:00-14:00
월-금 휴무
HOW TO GO
MTR 취안완역荃灣에서
타이모산大帽山행 버스 승차
Google Map
22.394576, 114.108115

외국인들이 한국에 와서 비빔밥을 맛보고 싶다면, 아마 서울의 인사동 한식집부터 찾을 것이다. 그런데 제대로 된 비빔밥을 먹겠다면서 버스 타고 전라북도 전주까지 가서 전주비빔밥을 먹는 놈이 꼭 있다. 그 미친놈이 바로 우리다. 우리는 몇 번씩 버스와 지하철을 갈아타며 굽이굽이 홍콩 저 너머에 있는 산속까지 찾아 들어갔다. 오로지 목적은 홍콩에서 제일 맛있다는 딤섬을 먹기 위하여.

홍콩 시골버스를 타고 비포장길을 달리며 어렵게 당도한 그곳은 다소 충격적이었다. 보통 홍콩 시내의 딤섬 맛집은 화려하고 세련된 외관을 자랑한다. 하지만 여기는 마치 허물어져 내릴 것 같은 시멘트 건물에 제대로 된 간판 역시 볼 수 없었다. 잘못 찾아왔나 싶어 주변을 기웃기웃거렸는데 평일의 애매한 시간대였음에도 주차장에는 값비싼 외제차가 빼곡히 들어차 있었다. 주차라인도 없는 너른 자갈길 돌바닥에 아무렇게나 세워져 있는 벤틀리와 포르쉐 군단을 보자니 확실히 내가 제대로 된 맛집을 찾아왔구나 싶었다. 홍콩 사람은 딤섬을 먹으러 차 끌고 여기까지 오는 것이다. 두근거리는 마음으로 실내로 들어서니 또 한 번의 충격이 찾아왔다. 보통 딤섬 레스토랑에서 볼 수 있는 고급스러운 인테리어는커녕 모두 드넓은 노상 간이 파라솔 밑에서 딤섬을 먹고 있었다. 사람 역시 너무나도 많아 장내가 무척 시끄러웠고 우리가 들어와도 종업원들은 종종걸음으로 다니느라 눈길조차 주지 않았다. 마치 중국 오지에서 잘나가는 동네 식당에 찾아온 느낌이랄까. 장내는 턱없이 드넓고 실내는 꾀죄죄한 전형적인 중국 시골 식당의 모습에 우리는 당황스럽

시멘트 건물의 던키 외관

기만 했다. 늘 멋지고 세련되리라 생각했던 홍콩에도 이런 식당이 존재하다니!

딤섬을 주문하는 형식 또한 충격이었다. 보통 홍콩 시내의 평범한 딤섬집에서는 착석하면 점원이 주문을 받으러 오는데 이곳에서는 직접 주문을 하러 가야 한다. 크게 딤섬點心 구역, 중국 남부식 고기요리인 씨우랍燒臘을 썰어주는 고기 구역, 채소를 즉석에서 삶아주는 채소 구역, 찻잎과 뜨거운 물이 있는 차 구역으로 나눠진 곳에 일일이 다녀야 한다. 모든 과정은 철저히 셀프다. 심지어 차까지 본인이 직접 찻잎을 넣고 뜨거운 물을 부어야 한다. 딤섬 구역에서는 김이 모락모락 나는 대나무 찜통을 손수 열어 어떤 딤섬이 있는지 확인하고 그것을 하나하나 접시에 담아야 한다. 간혹 딤섬이 비면 직원들이 큰 찜통을 통째로 갖고 와 갓 만든 따끈따끈한 딤섬을 늘어놓는데, 찜통이 놓이자마자 사람들이 우르르 달라붙어 가져간다. 인기 딤섬이 나오면 작은 아수라장이 펼쳐지는데 그때 눈치껏 껴서 딤섬을 골라 담아야 한다. 그런데 문제는 그동안 보아왔던 예쁘고 아기자기한 딤섬 모양들과 너무나 달라 이곳의 딤섬은 안의 내용물을 종잡을 수 없다는 것이다. 결국 홍콩사람과 뒤섞여 현지인들이 가장 많이 집는 딤섬을 컨닝하며 고르고, 직원의 추천을 받아 우여곡절 끝에 테이블까지 무사히 딤섬을 배달했다. 세월의 때가 묻어 있는 허름한 그릇과 구질한 찜통들을 보며 과연 이곳이 홍콩의 오래된 맛집이구나 싶은 생각이 절로 들었다.

비주얼만 봤을 때는 과연 내가 알았던 팬시한 이미지의 딤섬이 맞나 싶었다. 솔직히 이렇게 투박하고 촌스

본인이 직접 찻잎을 넣어 뜨거운 물을 붓는다

러운 딤섬은 처음이었다. 마치 한국관광공사의 홍보 책자에 나올 법한 정갈한 비빔밥만 먹던 외국인이 한국 시골에 와서 양푼에 툭툭 재료가 담긴 비빔밥을 조우했을 때의 느낌이랄까.

그리 기대를 하지 않고 딤섬을 한입 베어문 순간, 눈이 번쩍 뜨였다. 맛에 대한 개별적 느낌보다는 '원래 딤섬이란 이런 거구나'라는 깨달음이 왔다. 딤섬은 '마음에 점을 찍다'라는 의미를 갖고 있다. 이는 배를 가득 채워 먹는 것이 아니라 '마음에 점을 찍듯'이 끼니 사이에 단출하게 먹는다는 뜻이다. 농부들이 일을 하다 잠시 쉴 때 차와 먹던 간소한 새참이 바로 딤섬인 것이다. 그렇기 때문에 본래의 딤섬이란 맛이 자극적이지 않고 담백하고 슴슴했다. 다음 끼니에 지장을 주지 말아야 하기 때문이다. 그런데 딤섬이 홍콩의 관광음식으로 소개되며 점점 관광객의 입맛에 맞추어 맛이 달고 짜졌고, 모양도 정교하게 사진 찍기 좋게 변해갔다. 마치 한국의 오색비빔밥처럼 말이다.

그러나 이곳의 딤섬은 놀라울 정도로 간이 담백했다. 보통 돼지고기 완자나 차씨우만두는 간을 세게 하여 밥이나 맥주가 고파지는데 이곳에서는 부재료의 향만 강하고 간은 대체적으로 슴슴했다.

하지만 재료는 풍성했다. 보통 하가우蝦餃는 새우만 들어 있기 마련인데 이곳은 다양한 재료로 속을 가득 채웠다. 겉보기에는 평범한 꽃빵도 안에는 표고버섯, 메추리알, 고기 등 건강한 재료들이 알차게 들어가 있다. 이처럼 재료의 구성이나 메뉴들이 우리가 흔히 알던 표준적인 딤섬과는 거리가 멀었다. 마치 한국

의 시골 식당에 가면 제철재료로 이것저것 섞어서 비빔밥을 내오듯, 이곳 역시 그날그날 준비된 재료들에 따라 딤섬을 만들어 쪄내고 있는 것이다.

당시에는 내가 알던 딤섬과 너무나 다르고 분위기 역시 적응이 되지 않아 꽤 당혹스러웠지만, 돌이켜 생각해보니 어디에서도 먹어 보지 못한 딤섬을 경험한 셈이다. 물론 가는 길은 꽤나 고되다. 홍콩 지하철 취안완荃灣선의 종점역인 취안완까지 가서 마을버스 같은 타이모산大帽山행 버스를 타고 한참을 가야 한다. 비포장도로를 달리는데 의자까지 노후해 조금 있으면 엉덩이까지 얼얼해진다. 나 역시 오로지 그 딤섬을 먹으러 다시 한번 가겠냐고 물으면 그저 웃기만 할 듯하다. 그러나 홍콩에서 딤섬의 진정한 맛이란 무엇인가를 깨닫고 싶은 맛집 애호가들에게는 적극 추천하는 집이다. 물론 일반 친구들에게 권유했다가는 미친놈 소리를 들을 각오는 해야 하지만.

돼지목살 치즈라면

산케이카페
新記冰室
Sun Kee Cafe

INFO

ADD 荃灣海壩街83-93號
TIME 11:00-23:30(일-목)
11:00-00:30(금-토)
HOW TO GO
MTR 취안완荃灣
A1 출구 도보 5분
Google Map
22.372198, 114.115262

쥐갱욕찌씨로우뎅

돼지목살 치즈라면. 듣기만 해도 살이 2킬로그램은 찔 것 같지만, 어떤 이에게는 듣기만 해도 침이 꼴깍 넘어가는 이 마성의 메뉴는 홍콩 미식여행을 간다면 꼭 맛보아야 하는 음식 중 하나다.

이 메뉴를 파는 산케이카페는 과거 침사추이의 랜드마크 건물인 청킹맨션重慶大廈과 가까운 상가건물 구석에 자리 잡고 있어 찾아가기 쉽지 않았지만, 코로나19 기간에 취안완荃灣의 대로변 건물 1층으로 옮기면서 식사 환경이 크게 개선되었다. 그럼에도 이곳 역시 홍콩의 로컬 차찬텡이라 친절함은 기대할 수 없고 합석은 기본이다. 자리에 앉으면 메뉴판을 건네주는데 사진으로 구성된 메뉴판도 받을 수 있어 초심자라도 쉽게 음식을 주문할 수 있다.

아무리 메뉴가 많아도 역시 이곳의 명물 돼지목살 치즈라면 쥐갱욕찌씨로우뎅豬頸肉芝士撈丁부터 주문해봐야 한다. 면은 한국에서도 파는 흔한 라면사리이지만, 그 위에 치즈국물이 넉넉하게 부어져서 나온다. 치즈국물은 묽은 것 같으면서도 진하고, 느끼하면서도 고소한 맛의 중용을 적절하게 지켰다. 느끼한 것을 잘 못 먹는 사람은 괴로울 수 있지만 치즈를 사랑하는 치즈성애자라면 탄성을 내지를 만한 음식이다. 국내에서 판매하는 컵라면 '치즈볶이'와 맛이 유사한데 체다치즈를 포함한 세네 가지 종류의 치즈와 무가당연유를 섞어 이보다 훨씬 더 고급스럽고 복잡한 풍미다.

이곳은 치즈라면만으로도 충분히 유명해서 토핑으로 올라간 목살은 주목을 덜 받는데 사실 목살이야말로 백미다. 은은한 훈제향이 가득 배어 있는 이 목살은 촉촉하면서도 적당히 쫄깃한 식감이 남아 있어 고소한 치즈라면과 궁합이 매우 좋다.

참고로 이곳에서는 레몬콜라 넹멍호록檸檬可樂 역시 필수로 주문해야 한다. 치즈라면의 느끼함이 치고 올라올 때 이 콜라를 한 번 마셔주면 입안에 다시 청량함이 퍼지며 치즈맛에 집중할 수 있기 때문이다.

비록 규모도 작고 시내에서 멀리 떨어진 곳에 있지만, 한 번 이곳에서 치즈라면을 맛본 사람은 돌아와서도 그 맛을 잊지 못해 다시 찾아가고야 만다. 치즈를 좋아하는 사람이라면 적극 추천하는 홍콩의 숨겨진 보석 같은 맛집이다.

홍콩 최고의 에그롤

덕싱호
德成號
Duck Shing Ho

INFO

ADD 北角渣華道64號
TIME 09:30-19:00
일요일 휴무
HOW TO GO
MTR 노스포인트北角
A2 출구 도보 3분
Google Map
22.291710, 114.198281

에그롤은 약불에 달걀반죽을 얇게 펴 익히다 적당히 구워졌을 때 롤로 만드는 홍콩의 대표적인 전통과자다. 홍콩에는 맛있는 에그롤집이 굉장히 많다. 그래서 관광객은 쿠키와 더불어 에그롤을 기념품으로 꼭 구입하곤 한다.

인기 많은 에그롤집은 늘 관광객들로 줄이 길게 늘어서 있는데 지금 소개하는 이 에그롤 전문점은 관광객뿐 아니라 홍콩 현지인조차 구입하기 힘들어하는 곳으로 소문나 있다. 이곳은 9시 반에 오픈하여 판매하기 시작하는데 평일에도 8시 반에는 줄을 서야 겨우 살 수 있고 9시가 넘어가면 어차피 매진되기 때문에 줄을 서봤자 소용이 없다고 한다. 인당 네 개까지 살 수 있기 때문에 간혹 관광객들이 줄을 서고 있으면 오히려 현지인들에게 대리구매를 요청받기도 한다.

역사가 유구한 이곳은 무려 80년이 넘는 세월 동안 에그롤만을 만들어왔다. 세월만큼이나 에그롤의 맛 역시 품격 있는 것으로 유명하다. 보통 에그롤은 바삭하면서도 어딘가 가벼운 맛이 나기 마련인데 이곳의 에그롤은 바삭하면서도 촉촉한 묘한 경계선을 지키고 있다. 입에 베어물었을 때는 부스러기가 흩어지지만 과자를 씹을수록 달걀과 버터의 촉촉함이 입안에 감겨온다. 다른 곳의 에그롤은 먹다 보면 달달함에 금방 질리는데, 여기는 과자라기보다는 빵이나 밥처럼 물리지 않고 진득하게 먹을 수 있는 것이 특징이다. 하나 먹었을 때는 다소 심심하고 평범했는데 먹다 보면 의외로 계속 집어먹고 싶게 만드는 마성의 과자다. 홍차나 녹차 등 티 종류와 매우 궁합이 좋고 홍콩 전통의 맛을 느낄 수 있어 개인적으로는 홍콩의 모든 기념품 과자 가운데 가장 인상적인 과자로 꼽는다.

물론 살인적인 기다림을 충족시킬 맛으로는 다소 부족하다. 분명 어디에서도 못 먹어본 고급스러운 맛이라 재구매 의사는 가득하나 에그롤 하나를 먹기 위해 아침부터 기나긴 웨이팅을 견뎌내는 것은 역시 힘들다. 그러나 홍콩 에그롤에 강한 탐구심을 가진 사람이나 아침 일정을 맛집을 위해 통째로 비워놓은 사람이라면 한번쯤은 기다려 구입해볼 만하다.

적어도 홍콩 내에서는 '최고의 에그롤집'인 것만큼은 확실하다.

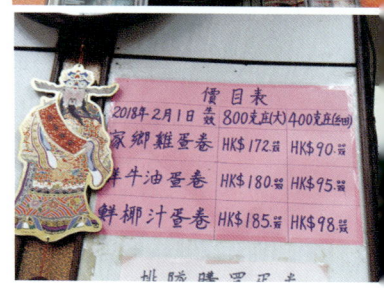

홍콩 옛 선상민의 식사,
보트누들

유경텡자이판
漁港艇仔粉
Good Boat Noodles

INFO

ADD 鴨脷洲鴨脷洲大街84號
TIME 07:00–21:00
HOW TO GO
MTR 레이퉁리東 A1 출구
도보 1분
Google Map
22.244063, 114.155368

오늘날 베이풍통에서 운항중인 보트

홍콩은 과거부터 현재까지 전 세계 다양한 요리가 융합되어온 음식 역사를 갖고 있다. 기본적으로 중국 남방의 광둥요리가 메인이나 영국 식민지 시절 서양의 빵이나 홍차, 밀크티가 유입되었고 같은 영국 식민지였던 인도사람들이 경비병 등으로 홍콩에 정착하며 커리 등의 인도요리도 들어왔다.

홍콩의 지리적 특성으로 인해 자체적으로 시작된 음식도 존재한다. 대표적으로 태풍의 피난처라는 '베이풍통避風塘'은 과거 비바람이 심하게 불 때 배들이 피신해 있던 홍콩섬의 북쪽 해협인 완차이, 코즈웨이베이 북쪽지역과 남쪽지역인 에버딘을 말하기도 하는데 당시 뱃사람의 음식 문화를 지칭하기도 한다. 매콤한 꽃게튀김요리인 칠리크랩이 이 베이풍통의 대표 요리인데 지금 소개하는 텡자이판艇仔粉 역시 뱃사람의 한끼 때우기용 식사라고 볼 수 있다. 텡자이판을 직역해보면 '스몰보트누들'로 말 그대로 보트에서 파는 국수다. 1900년대 중반부터 홍콩의 인구가 홍콩의 영토 규모로는 감당이 되지 않자 어업에 종사하는 사람들이 베이풍통 근처 바다 위 보트에서 대거 생활하기 시작했는데 나중에는 주거뿐 아니라 식당보트도 생겨났다. 이 식당보트에서 주방시설을 갖추고 뜨끈한 탕면을 판 것이 보트누들의 기원이다.

그러나 세월이 흘러 식당보트는 이제 마지막 한두 척만 운영되고 있다고 알려졌는데 우리와 인연이 닿지 않는 모양인지 이 보트가 출몰한다는 해당 네 지역을 돌아가면서 하루 종일 해맸는데도 만나지 못했다. 결국 궁여지책으로 해안가에 산책 나온 할아버님께 물었다. 그분이 전화번호를 주어 바로 전화해보니 오늘

집안에 일이 있어서 못 나간다는 답변만 들었다. 그래도 이 음식은 꼭 먹어봐야겠다는 의지로 우리는 근처 육지에 식당을 내서 운영하는 유경텡자이판이라는 레스토랑에서 텡자이판을 먹어보기로 했다.

No.1 메뉴명은 찌우파이텡자이판招牌艇仔粉으로 직역하면 '간판 메뉴 보트누들'이다. 드디어 육지에서나마 맛보게 된 텡자이판은 생선을 주재료로 사용하여 비릴 줄 알았는데 깔끔했다. 국수는 작은 가자미로 뽀얀 국물을 내었는데 차씨우, 씨

찌우파이텡자이판

우압 등과 생선껍질, 피시볼, 채소 등을 다양하게 올려 식감이 풍성했다. 국수는 적당히 넓은 쌀국수로 마치 해산물 쌀국수와 같은 느낌이다. 사리곰탕과 같은 뽀얀 국물인데 맛도 담백하면서 진해 한국인 입맛에 잘 맞는다. 사실 보트누들이라 하여 굉장히 해물맛이 강할 것 같았는데 생선으로 육수를 만든 돈코츠라멘의 느낌이다.

No.2는 뻬이짜이사차냐오육민秘製沙嗲牛肉麵으로 뜻은 '비밀 레시피 사테 우육면'이다. 사테는 소고기 부위를 뜻하는 사태가 아닌 말레이시아 등 동남아에서 먹는 소스를 뜻한다. 마찬가지로 밑국물은 가자미로 육수를 내었는데 국수는 쌀국수가 아닌 가느다랗고 꼬돌꼬돌한 국수로 식감이 독특하다. 전반적으로 뽀얗고 진한 육수 위에 사테소스로 볶아낸 소고기가 넉넉히 올라가 있다. 사테소스는 주로 커리파우더와 땅콩버터를 섞어서 만드는데 커리의 은은한 향에 땅콩의 고소하고 달콤한 맛이 섞여 달달하고 향긋하다. 대부분의 사람은 고기를 국물에 섞어서 함께 먹는다. 국물이 생선육수라 기본적으로 텡자이판과 맛이 비슷하나, 사테소스 때문에 양념 사리곰탕면 느낌이다.

이렇게 육지에서 보트국수를 먹어보며 텡자이판의 감을 잡기는 했지만 언젠간 정말 보트에서 진짜 보트국수를 먹어볼 날을 아직도 고대하고 있다.

뻬이짜이사차나오육민

볼록볼록 홍콩식 달걀 와플
마미 까이단자이
媽咪雞蛋仔
Mammy Pancake

INFO

ADD 紅磡船澳街99號
TIME 11:30~22:15
HOW TO GO
MTR 왐포아黃埔 B 출구
도보 2분
Google Map
22.305977, 114.187108

홍콩에 가본 사람이라면 누구나 홍콩의 달걀빵인 까이단자이雞蛋仔는 한 번쯤 먹어봤을 것이다. 마치 한국의 호떡집처럼 길거리 곳곳에 자리 잡은 까이단자이집은 길 가다가 출출할 때 주전부리로 먹어도 좋고, 이것저것 추가해 가벼운 한끼로 먹어도 좋다.

사실 나 역시 홍콩 맛집탐방을 갔을 때 몇 번 까이단자이를 먹어봤으나 그렇게 인상적이지 않아 늘 실망하곤 했다. 달걀과 밀가루맛밖에 나지 않는 까이단자이는 늘 어딘가 2% 부족했고 대체 이게 왜 명물이지 싶어 의구심이 들곤 했다. 그런데 이 까이단자이로 2016년부터 5년 연속해서 미슐랭 가이드 스트리트 푸드에 선정된 집이 있다는 소식을 듣고 귀가 번쩍 뜨였다. 한편으로는 '달걀빵이 맛있어봤자 얼마나 맛있겠어'라는 생각 역시 들었지만 그래도 마침 지나가는 길에 이 까이단자이집이 위치해 있었기에 속는 심정으로 한 번 들러보았다.

역시나 5평도 안 되는 아주 작은 규모의 매장은 다른 달걀빵집과 별다른 바가 없었다. 오리지널 까이단자이로 주문을 하자 앳된 여자 아르바이트생이 능숙한 솜씨로 달걀빵을 굽기 시작했고 외관 역시 별다를 바 없는 까이단자이가 손에 쥐어졌다.

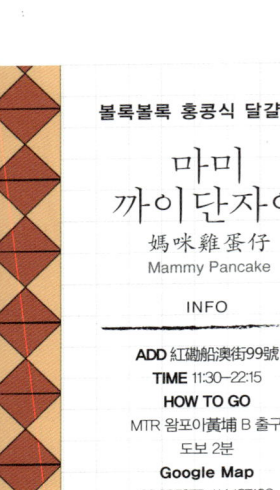

까이단자이

그러나 이 까이단자이를 베어문 순간 바로 이것이 원조 까이단자이의 맛이구나 싶어 크게 감탄했다. 지금까지의 까이단자이들이 그냥 퍽퍽한 빵에 불과했다면 이 까이단자이는 식감부터가 달랐다. 마치 스펀지, 메모리폼 베개를 연상케 하는 폭신폭신한 쫀득함이 있었고 그러면서 새의 깃털처럼 부드러웠다. 사실 지금까지 평범한 까이단자이를 먹었을 때는 왜 굳이 번거롭게 이렇게 벌집 모양으로 만드나 싶었는데 제대로 된 곳에서 먹어보니 납득이 갔다. 작은 알갱이를 똑똑 떼어 입에 넣고 그걸 쫀득쫀득 씹어먹는 재미가 너무나 쏠쏠했다. 재미있는 식감과 아기자기한 형태의 밸런스가 완벽한 셈이다. 한국의 찹쌀빵처럼 찰지지 않고 끝맛은 뽀송뽀송해 계속 묘하게 끌어당기는 맛이 있었다. 만약 원래 까이단자이가 이런 맛으로 시작했다면 이렇게 전국적으로 퍼진 게 납득이 갔다.

오리지널뿐만 아니라 초콜릿, 맛차팥, 커피, 치즈 등 종류가 다양하며 겨울에는 밤맛을, 여름에는 자색고구마맛을 내는 식으로 계절 까이단자이가 이 집을 계속 찾게 만드는 매력이다. 특히 자색고구마 소는 직원이 매일 아침 시장에서 자색고구마를 구입하여 갈아 만드는 등 재료의 신선함 유지에도 심혈을 기울이고 있다.

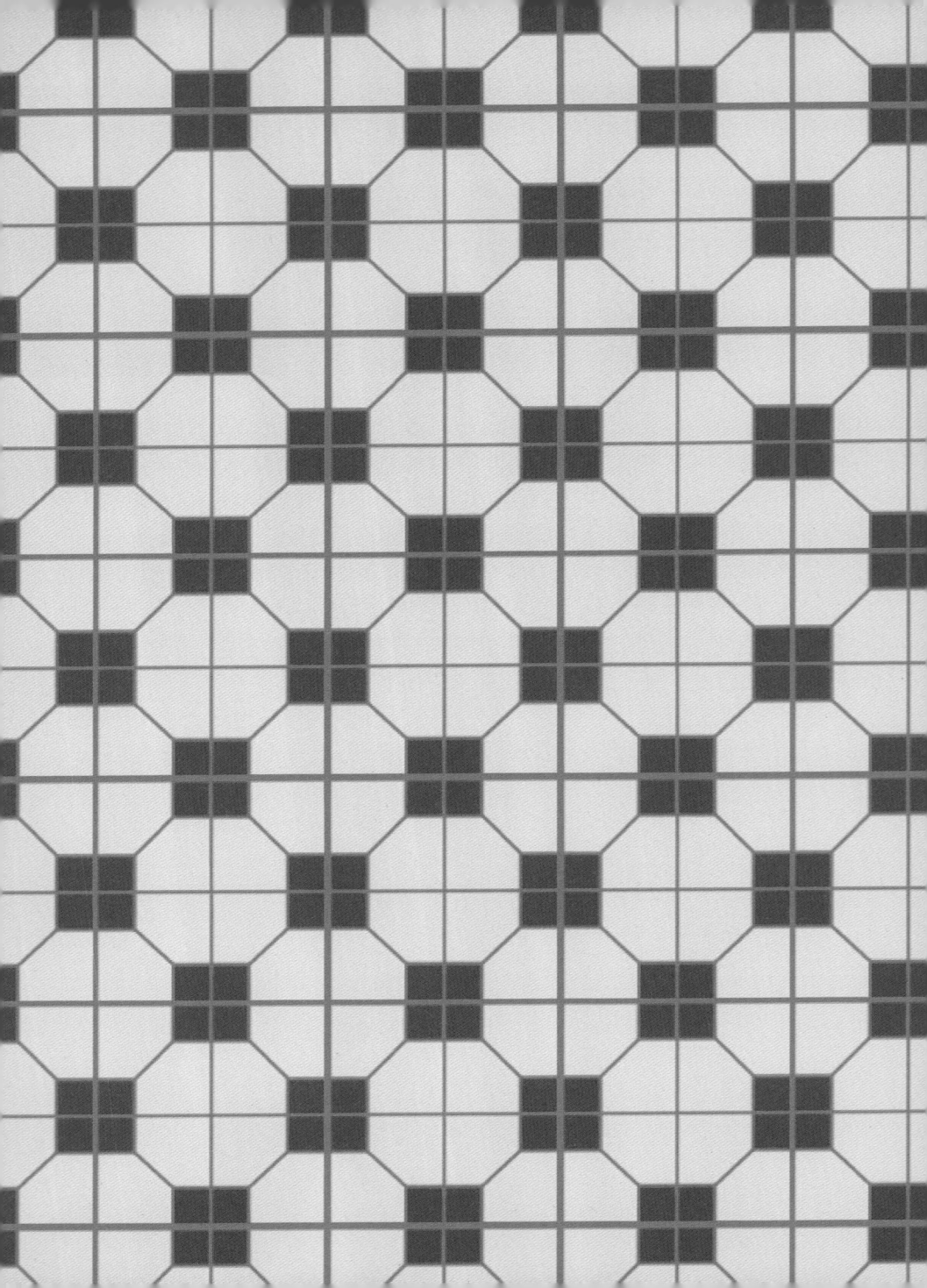

CHAPTER 6
마카오반도

마카오 레트로풍 차찬텡

남핑카페
南屏雅敍
Cafe Namping

INFO

ADD 新馬路十月初五日街85-85A號
TIME 06:30-18:00
일요일 및 공휴일 휴무
HOW TO GO
세나두광장의사정전지에서
도보 10분
Google Map
22.198044, 113.537809

마카오에서 오래된 차찬텡의 정수를 느껴보고 싶다면 우선적으로 가야 할 곳이다. 1968년 개업한 이곳은 마카오에서 가장 먼저 에어컨 설비를 도입한 차찬텡으로 그 역사의 무게 때문에 현지인과 여행객으로 늘 붐빈다.

이곳에서 무엇보다 먹어보아야 할 것은 달걀토스트와 싸용沙翁이다. 싸용은 사실 겉보기에는 평범한 설탕 도너츠와 똑같다. 주먹만 한 반죽을 높은 온도의 기름에 튀겨 겉에 설탕을 충분히 묻혀놓았는데, 한국식 도넛과 유사하지만 그것보다 좀 더 촉촉하고 기름지다. 한마디로 한국식 도넛이 간식이라면 여기는 칼로리 자체만으로 식사 같은 느낌이다. 가염버터를 쓰기 때문에 짭짤한 간이 느끼한 맛을 잡아줘 하나둘 먹다 보면 금방 배가 불러오니 신경 쓰면서 먹어야 한다. 작은 크기에 비해 상대적으로 칼로리가 높다.

또 한 가지 이 집의 시그니처 메뉴인 남팽만지南屏文治는 달걀샌드위치다. 안에 햄과 홍콩식 소시지, 스크램블드에그를 듬뿍 넣었다. 빵이 촉촉하고 스크램블드에그가 포실포실해 여행 중 간단한 아침으로 먹기 좋다. 참고로 현지인들은 빵을 구워먹는 것이 건강에 좋지 않다고 여겨 기본적으로 굽지 않은 상태에서 나온다. 빵을 굽고 싶다면 추가로 '하우다이烤底고저'라고 요청하자.

차씨우오믈렛인 차씨우단임릿叉燒蛋奄列 역시 독특한

차씨우단임릿

남팽만지

차씨우단임릿

메뉴다. 오믈렛 안에 홍콩식 햄인 차씨우叉燒가 들어가 있는데 이 햄 자체에 간이 배어 있어 오믈렛이 심심하더라도 함께 어울려 먹을 만하다. 오믈렛은 일반적인 서양 오믈렛과 달걀부침의 중간 정도로 입안에서 포슬포슬 구르는 식감이 좋다.
특별한 음식은 아니지만 마카오에서 제일 오래된 차찬텡에서 마카오 현지인들과 함께 아침을 즐겨보고 싶다면 추천하는 곳이다.

씨웅

마카오 대표 중식 레스토랑

윙치케이
黃枝記
Wong Chi Kei

INFO

ADD 新馬路議事亭前地17號
TIME 09:30-21:30
HOW TO GO
세나두광장議事亭前地에서
도보 1분
Google Map
22.194098, 113.540209

마카오에서 가장 유명한 레스토랑 중 하나로 한국인 관광객은 물론, 마카오를 방문하는 전 세계 관광객이 반드시 들르는 마카오 맛집이다. 세나두광장에 위치해 찾기 쉬우며 과거 포르투갈 식민시절의 고풍스러운 인테리어가 남아 있어 분위기 역시 훌륭하다. 창업주 윙운지黃煥枝는 광동지역 사람에게 광동 전통 국수인 죽싱민竹昇麵의 제조법을 배워 1946년 부인과 광동에서 윙치케이를 개업했고, 1959년에 포르투갈의 식민지였던 마카오로 이전하였다. 윙치케이가 마카오를 대표하는 죽싱민 맛집이 된 후, 포르투갈 정부의 초청으로 1995년, 80세의 고령에 두 명의 제자를 이끌고 포르투갈로 넘어가 유럽에서 죽싱민을 선보였다.

여기서 죽싱竹昇의 뜻은 '대나무대'로 반죽을 칠 때 대나무통에 사람이 올라타서 면을 계속 눌러줘야 하기 때문에 생긴 명칭이다. 밀가루와 함께 오리알을 넉넉히 섞고, 물은 거의 넣지 않기 때문에 반죽이 퍽퍽하여 손으로 칠 수 없어 이렇게 대나무의 탄력을 이용하여 반죽을 치댄다. 충분히 눌러진 반죽을 계속 얇게 만들어 마지막에 국수로 뽑는데 현재는 그 과정이 번거로워 많이 사라졌다고 한다. 그래서 제대로 된 죽싱민을 맛볼 수 있는 윙치케이를 지금까지 관광객이나 현지인이나 즐겨찾고 있으며 요리 역시 훌륭해 마카오를 간다면 추천하는 맛집 중 하나다.

이곳을 간다면 꼭 면요리를 시키기를 권한다. 면은 오리알을 섞어 노란 편이며 아주 얇게 뽑아내 식감이 과

하지로우민

자같이 독특하다. 특히 새우알볶음면인 하지로우민蝦子撈麵은 새우의 알을 듬뿍 쏟아부은 듯 마치 새우깡을 압축한 맛이 난다. 알알이 씹히는 새우알 식감과 얇은 죽싱민의 조화가 괜찮은 편이다. 다만 이것만 너무 많이 먹으면 새우 냄새가 다소 심하게 나기 때문에 다른 메뉴와 조화롭게 섞어 먹어보기를 바란다.

그럴 때 함께 먹기 좋은 면이 깐차우야오호乾炒牛河다. 이 집의 특제면인 죽싱민이 아니라 넓은 쌀국수를 센 불에 볶아내 촉촉하면서도 소고기와 숙주가 아삭하게 씹히는 게 일품이다. 간장 베이스로 간은 다소 짭짤한 편인데 감칠맛이 가득 배어 있어 안주로도 좋고 한 끼 식사로도 좋다. 죽싱민과는 전혀 다른 맛이지만 낯익은 맛을 추구하는 사람이라면 추천하는 요리다.

원툰민雲吞麵 역시 괜찮다. 만두과 같은 모양의 원툰雲吞 안에 새우가 매우 튼실히 들어 있어 씹는 맛이 좋고 입안에 가득 머무는 새우의 풍미도 훌륭하다. 다만 죽싱민과 그렇게 어울리지는 않아 원툰만 건져먹기를 권한다. 그 외에 가장 기본적인 볶음밥인 양쩌

깐차우야오호

우차우판楊州炒飯 역시 추천할 만한 메뉴다. 중화권에서 유서 깊은 맛집의 볶음밥은 역시나 내공이 상당하다. 불맛이 밥알 하나하나에 배어 있으면서 간 역시 적당히 짭짤하여 평범하지만 훌륭하다. 볶음밥에 면 하나만 먹고 나와도 충분히 이 집을 제대로 즐긴 것이라 할 수 있다.

윙치케이는 분위기나 특색이나 맛이나 마카오에 간다면 꼭 먹어봐야 할 최고의 맛집으로 꼽아도 손색 없는 곳이다. 무엇을 시켜도 후회하지 않으니 다른 사람이 먹는 것을 참고하여 훌륭한 선택을 하기를 바란다.

깐차우야오호의 소고기

윈툰민

1989년 오픈한 마카오를 대표하는 매캐니즈요리(포르투갈과 중국 음식이 합쳐진 마카오 전통 요리로 동서양의 음식 조화를 보여준다) 전문점으로 마카오반도의 서쪽 끝 아마사원媽閣廟 근처에 위치한다. 워낙 인기가 좋은 집이라 예약하지 않으면 긴 웨이팅을 감내해야 하기에 마카오에서 며칠 머물 예정이라면 하루이틀 전에 방문하여 예약하기를 권한다. 이 집의 상호명 아로차 A Lorcha는 마카오와 중국 남부를 대표하는 전통 돛단배로 이름에 걸맞게 식당 내부를 마치 배의 실내에 들어온 것처럼 꾸민 게 특징이다. 중간에 일렬로 늘어진 아치형 기둥구조와 나무판자로 엮은 듯한 천장, 나무스타일의 카운터 등등이 배의 내부 구조 느낌을 그대로 자아낸다.

우리가 방문했을 때는 저녁 피크타임이라 손님이 가득차 있었는데 절반은 외지 관광객, 나머지 절반은 현지인이었다. 전반적으로 현지인이나 관광객 모두에게 인기 있는 맛집이란 생각이 들었다.

우리는 우선 목을 축이기 위해 마지막 페이지 주류 부분부터 봤는데 포트와인 종류가 꽤 지면을 차지하고 있었다. 포트와인은 영국인이 포르투갈에서 만들어낸 와인으로, 과

포트와인과 화이트와인 상그리아

거 배를 통해 포르투갈에서 영국으로 운송하는 도중 식초처럼 과발효되는 경우가 많았기에 와인 발효의 중간 과정에서 높은 도수의 브랜디를 첨가하여 적당한 정도에서 발효를 멈추게 하였다. 그래서 포트와인의 평균 도수는 20도에 가까우며 단맛이 강한 게 특징이다. 마카오는 과거 포르투갈의 식민지였기 때문에 이러한 포르투갈의 유산들이 많이 남아 있어 마카오에서 포트와인을 다양하게 마셔볼 수 있다.

가게에는 10년, 20년, 30년산 등 오래된 포트와인도 있는데 30년은 역시나 가격이 만만치 않다. 그래도 마카오에 온 김에 30년산을 마셔보자는 마음으로 주문해봤는데 비록 작은 잔이었지만 경험만으로 충분히 가치가 있는 맛이었다. 단맛이 대중적인 등급의 포트와인처럼 인위적이거나 자극적으로 달지 않고 진한 꿀처럼 그윽하면서 묵직하며 레드와인의 차분함이 함께 느껴졌다. 브랜디로 주정을 강화해 도수가 높아 쉽게 취하기는 하지만 알코올의 역한 냄새가 풍기지 않고 잘 숙성된 포도맛이 은은하게 다가왔다. 사실 매캐니즈요리가 대부분 짭짤하면서 무거운 식감이라 포트와인으로 조금씩 입안을 씻어내면서 먹기에 괜찮은 조합이라는 생각이 들었다.

함께 주문한 화이트와인 상그리아 역시 괜찮은 선택이었다. 보통 스페인 등지에서는 레드와인으로 상그리아를 만들지만 포르투갈은 화이트와인이나 스파클링와인으로도 만드는데 매캐니즈 음식점에서도 심심치 않게 화이트와인 상그리아를 찾아볼 수 있다. 투명 유리 글라스에 담긴 상그리아 안에 잘게 깍둑 썬 사과가 있는데 오렌지 빛을 띠고 있어 시각적으로도 황홀하다. 화이트와인이나 탄산맛이 느껴지지 않고 달달한 오렌지주스의 맛이 나서 술을 즐기지 않는 사람에게도 부담 없는 음료였다.

바칼라우Pastéis de Bacalhau는 매캐니즈 요릿집의 대표적인 애피타이저로 마카오에서

바칼라우

매캐니즈요리를 맛보는 관광객이라면 대부분 이 요리를 먼저 주문한다. 바칼라우는 염제된 대구살과 함께 감자와 양파를 다져서 뭉쳐내 크로켓처럼 튀겨내는 요리로 감자고로케 같은 바삭함 속에 염제된 대구살의 짭조름함과 쫄깃한 식감이 배어 있다.

포르투갈식 문어샐러드 Salada de polvo는 샐러드라기보다는 무침요리에 가까운데 다진 대파와 문어가 한데 무쳐져 나온다. 맛도 다소 특이했는데 한마디로 표현하자면 매콤하기보다는 고수향 골뱅이무침의 맛으로 특히나 문어의 식감이 골뱅이의 쫄깃함과 유사했다. 비주얼은 그렇게 썩 훌륭하지 않지만 위를 가볍게 달래는 식전 샐러드로 나쁘지 않은 선택이다.

아프리카치킨 Galinha à africana은 포르투갈 닭요리를 기본으로 하는데 과거 포르투갈에서 마카오에 오려면 아프리카와 인도를 빙 돌아와야 해 오랜 시간이 걸렸고 그 와중에 자연스럽게 음식문화의 교류가 생기며 탄생한 요리다. 포르투갈의 닭요리법, 아프리카 모잠비크의 피리피리고추, 인도의 각종 향신료와 말레이시아의 코코넛, 중국의 오향분 등이 고루 섞여 들어가 그 어떤 나라에서도 먹어보지 못한 독특한 맛을 낸다. 사실 아프리카치킨은 정형화된 레시피가 없어 집집마다 맛의 차이가 매우 큰데 이 집의 아프리카치킨은 잘 구워낸 치킨에 묽은 칠리소스를 끼얹은 타입이다. 여기에 다진 마늘을 넣어 마늘의 알싸한 향미가 선명하게 느껴진다. 마늘의 민족이라 할 수 있는 한국인에게는 매우 익숙하고 호불호 없을 맛이며, 실제 내가 데려갔던 한국인들은 모두 만족하며 이 요리를 먹었다. 한국과는 다르게 닭고기는 아주 잘 숙성시켜 매우 부드러운 게 특징인데 닭가슴살 부분은 다소 쫀쫀하여 포크로 찢듯 갈라서 소스에 충분히 담갔다가 먹는 것을 추천한다. 또는

문어샐러드

아프리카치킨

사이드로 나온 감자튀김을 소스에 담그듯 묻혀서 먹는 것도 이 요리를 맛있게 먹는 방법이다.
마지막으로 크림포테이토바칼라우Bacalhau com natas는 포르투갈의 대중적인 요리로, 염제 대구와 감자에 크림과 베사멜소스, 양파 등의 채소, 그리고 육두구나 월계수잎 등으로 맛을 낸 오븐요리다. 대구살의 담백한 식감에 감자, 양파를 크림소스와 버무려 부드럽게 익힌 그라탕 같은 느낌으로 맛이 마요네즈로

크림포테이토바칼라우

감자와 함께 버무린 참치샐러드를 뜨겁게 먹는 느낌이라 다소 호불호가 갈릴 수 있다.
실내를 선박의 내부처럼 꾸며놓은 인테리어 덕분에 크루즈 여행을 하며 마카오 음식을 즐기는 듯한 느낌이기에 마카오풍 분위기에서 정통 매캐니즈 음식을 먹어보고 싶을 때 추천하는 맛집이다.

옛날 아이스크림의 맛과 멋 그대로

라이케이
禮記
Lai Kei

INFO

ADD 荷蘭園荷蘭園大馬路12號
TIME 11:00–19:00
HOW TO GO
탑섹광장塔石廣場에서
도보 5분
Google Map
22.196286, 113.545339

마카오에서 간판만으로도 너무나 눈에 띄는 아이스크림집이 있다. 형형색색의 아크릴을 잘라 귀여운 아이스크림 모양으로 만든 이곳은 무채색의 마카오 거리에서 단연 눈에 띄는 독보적인 곳이다. 라이케이는 1940년대부터 영업해 80년이 훌쩍 넘는 역사를 지니고 있으며 현재 3대째 주인이 가게를 운영한다. 초기에는 월병이나 에그롤 등도 선보였지만 지금은 아이스크림만 판매하는데 옛날 그 맛을 잊지 못해 찾아온 마카오 현지인들로 가득하다. 1대주가 직접 모든 메뉴를 개발하였고 아이스크림을 만들기 위한 기계도 손수 설계하였다고 한다. 심지어 아이스크림 샌드위치에 있는 삽화도 그렸다고 하니 실로 아이스크림만 팔기에는 아까운 다재다능한 실력을 가진 사람이었던 것이다.

이곳 아이스크림의 특징은 직접 가게에서 만들며 인공색소나 첨가제 등을 전혀 사용하지 않는다는 점이다. 그래서 맛이 다른 곳보다 훨씬 덜 자극적이고 순하다. 얼핏 첫맛에는 꽤 심심할 수도 있는데 먹다 보면 많이 달지 않고 입이 텁텁해지지 않아 오래 먹을 수 있다.

메인은 아이스크림샌드위치雪糕三文治로 웨하스 안에 아이스크림을 끼운 아이스샌드인데 세 가지 조합

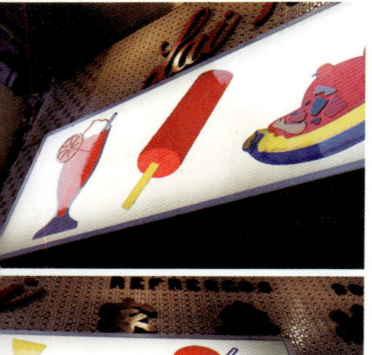

의 맛이 매일 바뀐다고 하니 그날그날의 조합을 확인해보는 것도 재미있다. 특히 이곳은 코코넛밀크셰이크椰子奶昔가 별미다. 밀크셰이크에 코코넛을 섞어 고소하면서도 시원한 맛이 가미되었다. 천연의 맛이라 많이 먹어도 물리지 않는다.

바나나보트香蕉船 역시 재밌는 메뉴다. 아이스크림 두 스쿱 사이에 후르츠칵테일을 뿌리고 바나나를 잘라서 장식했는데 이름도 귀엽지만 맛 역시 귀엽다. 사실 맛 자체는 누구나 예상할 수 있는 바로 그 맛이지만 마카오사람들의 추억의 맛을 함께 즐길 수 있어 의미가 깊다. 특히 위에 뿌려진 초콜릿시럽이 달달함을 더해 누구나 맛있게 먹을 수 있다.

이처럼 라이케이는 마카오의 달콤하고 자극적인 디저트집 사이에서 신선한 충격을 선사하는 곳이다. 현재 3대째 주인은 원래 미국에서 디자인을 공부했으나 마카오로 돌아와 이 아이스크림집을 이어가고 있다고 한다. 추억의 맛을 지키며 젊은 사장의 디자인 감각으로 트렌디하게 변해갈 라이케이의 행보를 기대해보자.

바나나 보트

아이스크림 샌드위치

100% 수제 코코넛 아이스크림

홍헝코코넛
洪馨椰子
Hong Heng Cocos

INFO

ADD 新馬路果欄街14號
TIME 10:30-19:00
HOW TO GO
세나두광장議事亭前地에서
도보 10분
Google Map
22.197620, 113.538560

마카오의 대표적인 관광지 세인트폴 성당유적 근처에 위치한 코코넛아이스크림 전문점이다. 가게 이름에서 홍洪은 넓다는 뜻이고, 헝馨은 코코넛에서 나는 은은하고 화려한 향을 뜻한다. 마카오에서 1869년부터 문을 여러 150년이 넘는 역사를 지닌 가게로 현재 4대째가 운영 중이다. 사실상 모든 업종을 통틀어 마카오에 이 정도 역사를 지닌 가게는 거의 없다고 할 정도로 유서 깊은 아이스크림집이다. 코코넛아이스크림은 이 집의 간판 메뉴이자 유일한 공식 메뉴인데, 시즌 메뉴로 망고맛이나 초콜릿맛, 타로맛을 가끔 판매하기도 한다. 이 집은 아침마다 코코넛을 깨끗이 세척해서 기계로 갈아낸 뒤 포대자루에 넣고 즙을 짜내어 아이스크림을 만든다. 이때 물을 단 한 방울도 섞지 않는 것이 이 집의 자부심으로 심지어 사용하는 코코넛즙 역시 직접 코코넛의 단단한 과육을 갈아서 짜낸 것만 쓴다. 이처럼 아이스크림을 만들 때 방부제나 아이스크림 믹스를 전혀 넣지 않기 때문에 맛이 굉장히 신선하고 코코넛 풍미가 매우 진하고 깊다.

물론 달고 진한 아이스크림에 적응된 요즘 세대 사람들에게는 맛이 일반적으로 심심한 느낌이라는 평도 있지만 마카오의 다소 무거운 입맛의 식사를 마치고 입안을 상쾌하게 만들어주는 데는 더없이 좋은 선택이라 볼 수 있다.

마카오의 마지막 저녁만찬
밀리터리마카오
澳門陸軍俱樂部
Clube Militar de Macau

INFO

ADD 新口岸南灣街975號
TIME
12:30-14:45, 18:30-22:00(월-금)
12:00-15:00, 18:30-22:00(토-일)
HOW TO GO
그랜드리스보아|新葡京에서 도보 3분
Google Map
22.191587, 113.544196

마카오의 마지막 저녁만찬 장소로 손색없는 레스토랑이다. 맛, 분위기, 가격 3박자가 모두 완벽한 이곳의 이름은 클루비 밀리타르 데 마카우Clube Militar de Macau. 직역하자면 마카오군인회관이다. 1870년 처음 오픈했을 때는 멤버십 클럽으로 이용되며 마카오 군관과 초대받은 민간인들의 파티 장소로 애용되었다. 1994년 새롭게 리모델링하며 일반인도 이용할 수 있는 레스토랑으로 변모했는데 외부의 모습은 그대로 보존하여 과거 군인회관으로서의 기품을 간직하고 있다. 일반 레스토랑과 달리 실내가 상당히 넓고 분위기 역시 매우 고급스럽다. 이곳에서 파는 음식은 매캐니즈 전통 코스 요리로 그날그날 메뉴 구성이 바뀐다.

일반적으로 샐러드와 수프 중 하나를 택할 수 있고 메인디시와 디저트, 커피로 구성된다. 마카오 음식치고는 다소 비싼 편에 속하나 음식 하나하나가 품격 있고 요리의 수준이 매우 높아 만족도가 크다. 와인 역시 다양하게 구비해놓았는데 질 좋은 포르투갈 와

메인디시 피시스테이크

애피타이저 시저샐러드

마카로니수프

아이스크림 디저트

인을 저렴한 가격에 맛볼 수 있다. 식사를 마치고 나면 와인이나 음식이나 완성도가 높아 의외로 가성비가 좋다는 생각이 든다. 매캐니즈 전통요리를 맛보며 마카오의 낭만적인 밤을 즐길 수 있는 곳으로 손색없다.

주말에는 예약 없이 이용하기 힘들기 때문에 가급적 호텔을 통해 미리 예약을 하고 방문하기를 권한다. 마카오에서 나름대로 품격 있는 곳인 만큼 가벼운 드레스 코드 역시 존재한다. 운동복이나 반바지, 슬리퍼 차림은 입장을 거부당할 수 있기 때문에 어느 정도는 갖춰 입고 가기를 당부드린다.

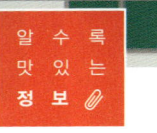

매캐니즈 음식

매캐니즈는 마카오에서 탄생한 포르투갈 음식으로 포르투갈과 중국, 인도, 말레이반도, 아프리카 등 다양한 지역의 요리문화가 융화되어 탄생하였다. 16세기 초 뱃길로 먼 길을 떠났던 포르투갈인들은 올리브유와 소시지, 포도주 등 서방의 식재료를 배에 잔뜩 실었다. 하지만 포르투갈에서 마카오까지 가려면 서아프리카, 희망봉(남아프리카의 케이프타운), 인도와 말라카 등을 거쳐야 하는데 가져간 식재료가 부족해지면서 들르는 항구에서 음식을 보충하고 더불어 그곳의 요리문화를 흡수했다. 또 마카오에서 포르투갈 남성과 현지 중국 여성이 가정을 이루는 경우가 많아지며 다양한 중국의 요리문화가 합쳐져 더욱 빠르게 매캐니즈요리가 발전하였다.

하지만 각 집안마다 자리 잡은 고유한 레시피가 대외적으로 공개되는 경우가 적었고 관련 전문서적도 거의 없어서 매캐니즈 요리법은 소실될 위기에 처했는데 2012년 마카오정부의 보호와 홍보 아래 다시 매캐니즈 요리법들이 전승, 복구되고 있다.

일반적으로 매캐니즈 요리법은 준비부터 조리까지 시간이 걸리고 꽤 까다로운 편에 속한다. 육류 요리의 경우 보통 하루 전에 염제를 하거나 오랜 시간 찌는 과정을 거쳐야 한다. 재료는 주로 닭고기, 돼지고기, 소고기, 감자, 쌀국수, 바칼라우(염제 대구살), 포르투갈 팥, 하몽와 블랙올리브 등인데 재료 각각이 지닌 고유의 맛을 유지하는 것을 중시 여긴다. 따라서 조미료 등을 첨가하여 고유의 맛을 해치는 것을 지양하며 가급적 올리브오일이나 생강, 코코넛밀크, 강황가루, 정향 등의 향신료로 맛을 돋운다.

포대로 도톰하게 빚은 청판

룬키청판
倫記軟滑腸粉
Lun Kee Cheung Fun

INFO

ADD 沙梨頭沙欄仔街26號
TIME 07:00-00:30
HOW TO GO
세나두광장의사정전지에서 도보 10분
Google Map
22.198801, 113.538382

청판 만드는 과정을 직접 구경할 수 있다

청판腸粉은 중국 광둥지역의 대표 간식이다. 한국으로 치면 가벼운 떡볶이와 같은 이 음식은 쌀가루 등을 이용한 반죽을 얇게 편 다음 쪄서 달걀말이처럼 돌돌 만다. 맛은 마치 흐물흐물 찰기 없는 찹쌀떡 같은데 여기에 취향별로 다양한 소스들을 뿌려먹는다. 청판은 아무것도 섞지 않고 식사처럼 먹기도 하고, 안에 다양한 속재료를 넣어 간식처럼 먹기도 하는데 어떻게 먹느냐에 따라 맛의 차이가 꽤나 뚜렷한 편이다.

지금 소개하는 청판전문점은 동네 오래된 떡볶이집

총파까이단취앙판

같은 곳으로 주로 현지인이 많이 찾는다. 한국인 관광객은 전혀 보이지 않고 동네사람이 마실 나와 사먹는 곳인데 몇 년 전 대만의 음식 방송에 등장한 후로 대만 관광객 중심으로 방문 손님이 늘었다.

사실 이 집은 일반 관광객보다는 청판을 이미 다른 곳에서 먹어봐서 청판에 대해 잘 알고 있는 사람이 방문하기를 권한다. 청판 자체가 제법 호불호가 강한 음식이기도 하고 주요 관광지와는 떨어진 곳에 위치해 있기 때문에 청판만 먹으러 이곳을 방문하기는 다소 아깝다고 생각할 수 있기 때문이다. 그러나 만약 당신이 다른 곳에서 청판을 먹어봤거나 청판 자체를 좋아하다면, 이곳이 인생 청판집으로 등극할 것이라 믿어 의심치 않는다.

청판을 만드는 과정을 직접 구경할 수도 있다. 청판을 주문하면 주인장이 즉석에서 쌀가루를 얇게 펴서 포대에 붙이고 찜기에 찐 다음, 다시 떼어 돌돌 말아 착착 잘라내 그릇에 담는다. 이처럼 리드미컬하게 청판을 만드는 과정을 구경하는 것만으로도 쏠쏠한 재미를 느낄 수 있다.

맛 역시 훌륭하다. 특히 파와 달걀로 만든 청판인 총파까이단취앙판蔥花雞蛋腸粉은 이 집에서 개발한 것으로 청판 위에 달걀반죽물과 채 썬 쪽파를 올려 함께 쪄낸다. 노랑, 초록의 색 배합도 영롱하지만 달걀물과 청판의 고소함이 꽤나 잘 어울린다. 여기에 취향별로 땅콩소스와 매콤한 칠리소스 등을 뿌려먹는 게 포인트다. 다소 밍밍할 수 있는 청판에 매콤달콤한 소스들을 함께 얹어먹으면 새로운 맛이 완성된다.

이보다 더 한국인의 입맛에 잘 맞는 청판은 차씨우청叉燒腸이다. 훈제 돼지고기인 차씨우를 잘게 다져넣어 짭짤하면서도 고기가 씹히는 맛이 좋다. 다소 밍밍하고 심심한 청

판에 고기맛이 더해지니 마치 고기죽을 먹는 듯한 느낌이 든다. 여기에도 다양한 소스를 뿌리는데 간장소스 하나만 쳐도 맛이 괜찮다.

양이 부족하다 싶으면 페이단싸우욕쭉皮蛋瘦肉粥을 함께 시켜보자. 삭힌 오리알인 피단의 비린맛이 전혀 느껴지지 않고 쭉의 부드러운 맛이 입안을 감싼다. 보통 한국의 쌀죽과 비슷하다고 선입견을 갖기 쉽지만 죽보다는 수프에 가까운 식감으로 한 번쯤 시켜보아도 후회는 없을 것이다.

홍콩과 마카오에서 찾기 힘든 귀한 청판전문점이기 때문에 광둥 전통요리에 관심이 많은 사람이라면 꼭 방문하여 원조 청판을 맛보기를 바란다. 같은 떡볶이라도 프랜차이즈 분식점에서 먹는 떡볶이와 신당동 원조 떡볶이를 먹어보는 것은 경험의 차원이 다르기 때문이다.

검은 오리알이 든 페이단싸우욕쭉

차씨우청

> 알 수 록
> 맛 있 는
> 정 보

청 판

청판腸粉은 홍콩에서 대중적으로 매우 사랑받는 딤섬의 한 종류로 분위기 있는 딤섬을 즐기는 고풍스러운 자리는 물론, 후줄근한 골목켠 가판대에서도 맛볼 수 있는 만능 음식이다. 속재료에 따라 청판의 종류나 레시피가 달라져 집집마다 다양한 청판 메뉴를 맛보는 재미 역시 쏠쏠하다. 청판은 한자로 창자 장腸, 가루 분粉을 써서창자 부위인 곱창을 이용했다고 생각할 수 있지만 실제 곱창과는 전혀 상관없고 쭈글쭈글 길다란 생김새가 창자와 비슷하다 하여 이런 이름이 붙었다. 청판은 다른 부재료 없이 청판에 각종 소스를 뿌려서 먹기도 하며, 차씨우고기나 새우 등을 넣고 쪄서 먹거나, 쪄낸 청판을 기름에 볶아먹기도 하는 등 레시피별로 다양하게 즐길 수 있다.

청판의 종류

청판은 만드는 방법에 따라 크게 두 종류로 나뉘는데, 크게 포대청판布拉腸粉과 서랍청판抽屉式腸粉이 있다. 포대청판은 실제로 넓은 포대 위에 반죽물을 붓고 재료를 넣어 쪄낸 후, 포대는 떼어내고 김밥처럼 말아서 칼로 뚝뚝 썰어내는 형태다. 서랍청판보다 상대적으로 피가 두껍고, 안에 재료를 넉넉히 넣는 경우가 많아 청판의 속재료를 즐기는 사람들이 포대청판을 선호한다. 그러나 만드는 과정이 복잡하고 상대적으로 주방이 넓어야 해서 요즘 시대에는 보기 어려운 유형이다.

서랍청판은 서랍처럼 생긴 전용 찜기를 사용해 만드는 청판으로, 서랍에 반죽물을 붓고 위에 재료를 다져서 약간만 넣어 먹는 타입이다. 피도 얇게 만들어 피의 식감과 소스맛으로 먹는 가장 일반적이고 대중적인 청판이다. 이 서랍청판은 딤섬집이라면 어디서든 볼 수 있다. 홍콩식 차씨우를 넣은 차씨우청판叉燒腸粉, 새우가 들어간 청판蝦仁腸粉과 아무것도 들지 않은 짜이청판齋腸粉 등이 있으며, 길다란 밀가루 튀김인 야오티우油條를 청판으로 감싼 짜량炸兩도 있다.

마카오 에그타르트의 양대산맥

마가렛 카페이나타

瑪嘉烈蛋撻店
Cafe e Nata Margaret's

INFO

ADD 馬統領圍66號
TIME 08:30-16:30(월-금)
10:00-18:00(토-일)
수요일 휴무
HOW TO GO
그랜드리스보아新葡京에서
도보 5분
Google Map
22.191798, 113.541862

로드 스토즈 베이커리Lord Stow's Bakery와 더불어 마카오 에그타르트의 양대산맥으로 불리는 집이다. 원래 건강빵을 파는 평범한 빵집이었는데 마카오가 포르투갈에서 중국으로 반환되는 과정에서 많은 포르투갈인이 고국으로 귀환을 결심했고, 그 와중에 포르투갈인이 이 집에 에그타르트 노하우를 전수해주며 마카오에서 유명한 에그타르트집으로 거듭났다.

처음 에그타르트 위에 갈색으로 구워진 설탕을 보고 현지 사람들은 까맣게 탄 줄 알고 아무도 먹지 않으려 했으나 점차 달달하면서 풍성한 이 집의 에그타르트 맛이 소문이 나며 지금과 같은 위상을 갖게 되었다.

달걀 필링이 매우 통통하며 적당히 달콤한 맛을 지닌 이 집의 에그타르트는 당도를 절묘하게 조절해 고급스러운 맛을 품고 있는 게 특징이다. 위에 로스팅한 설탕 역시 바사삭 깨어지는 것이 일품이며 페이스트리의 결 역시 훌륭하다. 막 구워진 따뜻한 상태에서 먹어도 맛있고 냉장고에서 한숨 식힌 다음 차가운 상태에서 먹어도 맛있다. 대부분 에그타르트 한 개째는 무척 맛있게 먹으나 두 개부터는 느끼하기 때문에 적당히 양 조절을 하며 먹기를 권한다.

로드 스토즈 베이커리와 맛 자체는 비슷하지만, 당도

피기번   샌드위치

가 훨씬 낮아 이곳의 에그타르트를 선호하는 사람도 있다.

에그타르트로 명성을 얻었지만 일반적인 빵 역시 판매한다. 특히 홈메이드 샌드위치는 짧은 바게트 빵 안에 아보카도와 달걀을 가득 넣어 아침식사로 매우 든든하다. 마카오식 바게트인 피기번豬仔包은 마치 베트남 현지의 반미처럼 겉은 가볍게 바삭하고, 안은 매우 촉촉하여 속재료와 궁합이 좋다. 마카오에서 에그타르트와 더불어 간단하게 아침을 해결하고 싶을 때 우선순위로 넣을 만한 집이다.

에그타르트 단타

라떼 맛이 일품

싱글 오리진커피
Single Origin Coffee

INFO
ADD 荷蘭園馬路19號
TIME 12:00-20:00
HOW TO GO
탑섹광장塔石廣場에서
도보 3분
Google Map
22.196965, 113.546153

한때 마카오는 카지노 외에 다른 산업이 부재하였으나 마카오정부가 적극적으로 관광산업을 장려하며 가족 단위의 관광객이 많아졌다. 이에 따라 사람들의 생활수준 역시 올라가며 기호식품에 대한 관심도 높아졌는데 그중 하나가 바로 커피다. 현재 좁은 마카오 땅 안에 100개가 넘는 커피전문점이 운영되고 있으며 커피 전문 매거진 역시 생겼을 정도로 커피에 대한 관심도가 매우 높은 실정이다.

그래서 의외로 마카오에서 맛있는 인생커피를 만났다는 사람도 적지 않다. 마카오에서 가장 유명한 카페 중 한 곳이 바로 싱글오리진커피로 인테리어는 다소 허름할지 몰라도 커피맛만큼은 서울의 유명한 카페 못지않다. 특이한 것은 한국과 다르게 신맛이 나는 커피를 선호하는 층이 많아 대부분의 아메리카노가 시큼하다. 그래서 마카오의 아메리카노는 호불호가 갈리는 편이다. 그러나 원두가 새콤한 만큼 고소한 우유와 매우 궁합이 좋다. 특히 많은 한국사람이 '인생라떼'라 꼽을 만큼 라떼맛이 굉장히 훌륭하다. 첫맛은 우유의 고소함으로 시작하여 새콤하면서도 쌉쌀한 커피맛이 입안에서 강하게 머문다. 전반적으로 우유와 커

카페라떼

아이스라떼 애플파이

피의 밸런스가 매우 오묘하면서도 탁월해 라떼를 좋아하지 않는 사람들도 여기서는 한 잔을 금세 비우게 된다.

2층은 다락방 같은 구조로 되어 있어 아늑하니 수다 떨기에도 좋고 마카오 시내를 구경하는 재미도 쏠쏠하다. 1층에서 원두류 등의 상품을 판매하는데 저렴한 가격에 품질 좋은 티백 커피를 구할 수 있으니 커피가 입맛에 맞으면 몇 개 구매해서 한국에서 마카오 커피 맛을 즐겨보자.

아이스아메리카노

후추 알갱이가 톡톡! 독특한 씨우랍

찬콩케이
陳光記飯店
Chan Kong Kei Roast Duck

INFO
ADD 南灣羅保博士街19號
TIME 09:00-24:00
HOW TO GO
그랜드리스보아新葡京에서
도보 5분
Google Map
22.192104, 113.541515

씨우랍燒臘은 오리, 거위, 닭, 돼지고기 등을 훈제한 광둥식 훈제고기를 일컫는데 광둥사람은 주로 씨우랍을 썰어 파양념과 함께 밥 위에 얹어먹는다. 각 집마다 씨우랍 훈제 레시피가 상이하고 맛 역시 달라 광둥지역에 여행 가면 그 지역에서 가장 유명한 씨우랍집을 찾아가는 것 역시 미식여행의 쏠쏠한 재미다.

찬콩케이는 마카오에서 가장 유명한 씨우랍전문점으로 1976년 오픈해 점차 분점을 늘려 홍콩과 중국 각지에 스무 개가 넘는 가게가 있다. 마카오가 아직 포르투갈령이었을 때 오픈한 집으로 매캐니즈 음식 특유의 무거운 맛이 씨우랍에 배어 있는 게 특징이다.

무엇보다 다른 씨우랍집과 달리 흑후추를 사용한 게 차별점이다. 대표 메뉴인 오리고기 학쥬씨우압黑椒燒鴨과 거위고기 학쥬씨우어黑椒燒鵝를 자세히 살펴보면 검은색 알갱이들이 콕콕 박힌 것을 볼 수 있는데 이것은 모두 흑후추로 씨우랍의 느끼함을 후추의 강한 향이 잡아준다. 오리고기는 기름기를 쫙 빼 담백하면서 부드러우며 거위고기는 다소 퍽퍽하나 씹는 맛이 좋다. 흑후추를 사용하지 않는 돼지고기 차씨우叉燒는 맛 자체는 다소 평범한 편이다. 전반적으로 학쥬씨우압이 가성비나 맛에서 가장 훌륭하기에 이것만큼은 필수적으로 시키기를 권한다. 다른 씨우랍전문점

삶은 닭요리 칫가이   흑후추가 박힌 오리고기

에 비해 간이 센 편이라 만약 이곳에서 식사를 해결한다면 고기를 통째로 시키기보다는 쌀밥에 고기가 얹어나오는 형태인 학쥬씨우압판黑椒燒鴨飯을 주문하자. 쌀알이 포슬한 남부식 밥과 촉촉한 고기의 궁합이 환상적이다.

참고로 이곳은 특급호텔인 그랜드리스보아와 마가렛카페이나타 근처에 있어 접근성이 좋고 로테이션 역시 빠른 편이다. 다만 실내에 큰 원형 테이블이 있고 여러 명이 합석하는 형태라 많은 인원이 가기에는 적절치 않다.

그리고 학쥬씨우어는 아침 10시 반과 오후 4시 반에 두 번 나오는데 점심 늦은 시간이나 밤늦게 가면 모두 다 팔릴 수 있기 때문에 타이밍을 잘 맞춰 가기를 권한다.

학쥬씨우압

CHAPTER 7
타이파섬

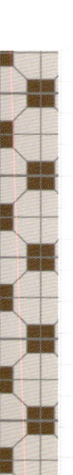

수제 레몬 젤라또

레몬첼로
檸檬車露
Lemoncello Gelato

INFO

ADD 冰仔舊城區地堡街115號
TIME 12:00~22:00
HOW TO GO
쿤하거리官也街에 위치
Google Map
22.152219, 113.554954

미슐랭 스트리트 푸드 부문이 생긴 2016년부터 2019년까지 4년 연속 선정되었던, 마카오에서 가장 유명한 아이스크림집이다. 다양한 맛의 젤라또를 판매하는데 특히 과일아이스크림 안에 과일향이 가득 농축되어 있어 한국의 일반적인 젤라또를 생각했다간 큰 오산이다. 구아바, 자몽 등 조금 특별한 과일들도 맛볼 수 있는데 여행 와서 먹기 힘든 열대과일을 아이스크림으로도 즐길 수 있어 한국사람에게 인기가 많은 편이다.

그래도 역시 이 집의 메인 메뉴는 가게 이름처럼 레몬첼로다. 맑고 상큼하며 새콤한 레몬맛이 그대로 젤라또에 압축되어 있고 레몬껍질의 쓴맛도 살짝 나서 한 입 먹어보면 왜 이 메뉴가 이 집에서 가장 유명한지 납득하게 된다. 그 외에 차맛이나 위스키, 페레로로쉐 등의 달콤한 디저트맛들도 존재하나 이곳에서는 가급적 과일향 중심으로 아이스크림을 선정하기를 권한다. 특히 의외로 핑크구아바가 상쾌하고 청량하면서 구아바의 아삭한 느낌을 잘 살려서 레몬첼로 다음으로 인기가 좋다.

참고로 이곳의 창업주는 과일과 음악을 사랑하여 이름을 레몬첼로Lemon Cello로 정하였다고 한다. 이름만큼이나 맛 역시 매우 로맨틱한 이곳은 시간이 지나도 마카오의 인기 젤라또집으로 승승장구하리라 믿는다.

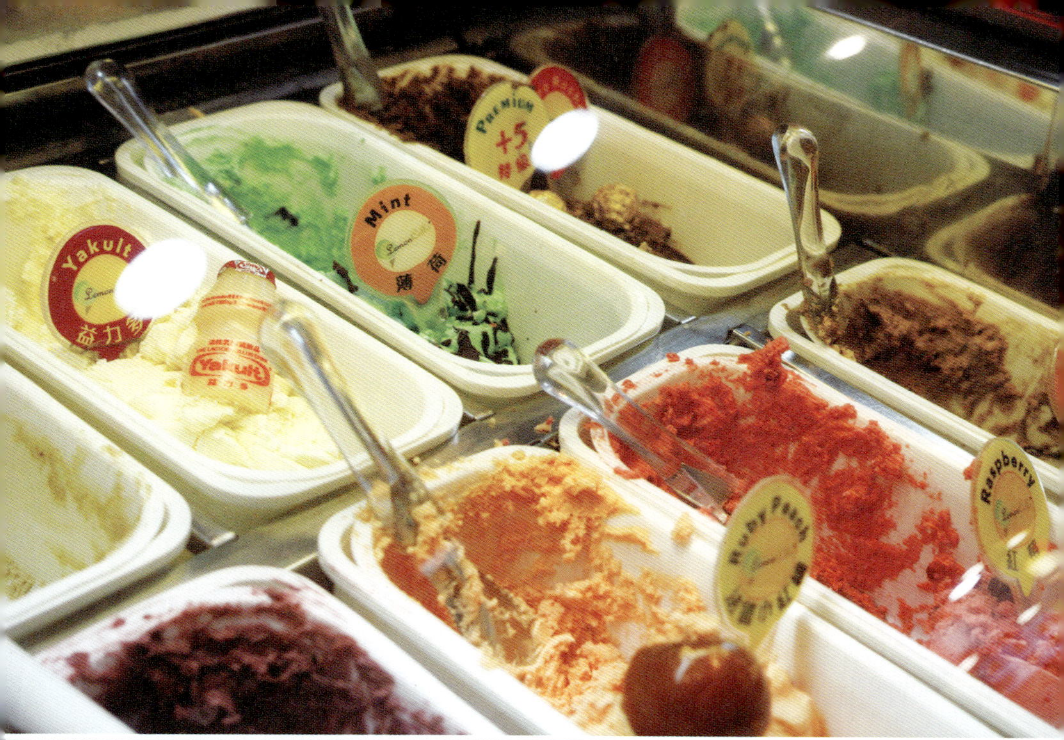
Yakult
益力多
Mint
薄荷
Premium
+5
Ruby Peach
Raspberry

FIRENZE

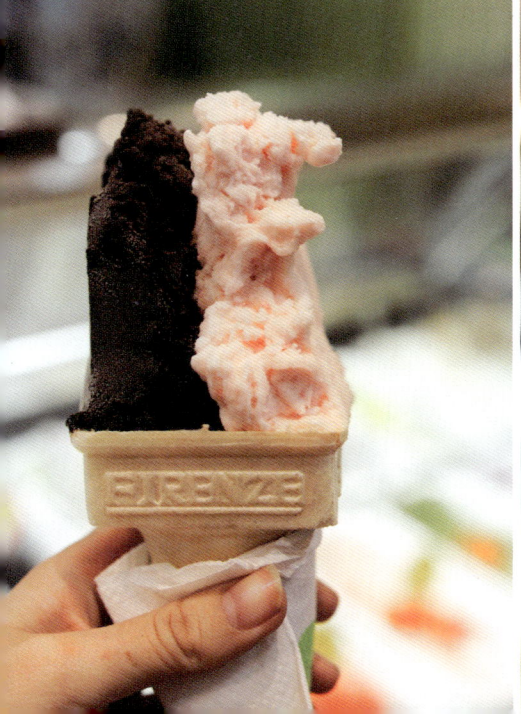

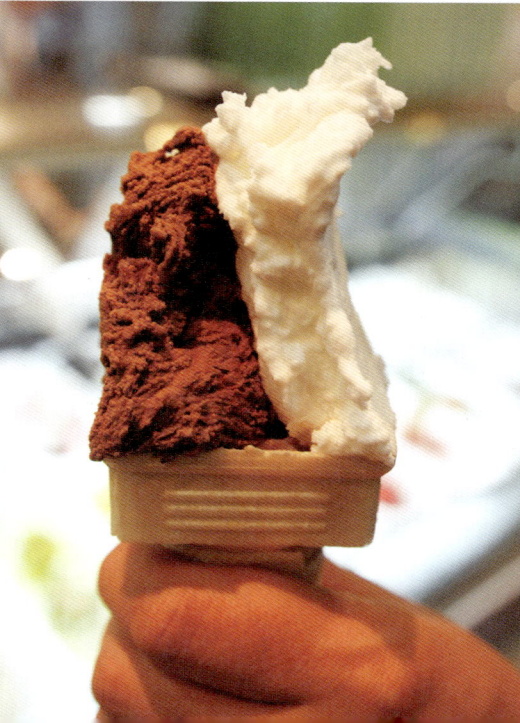

극강의 호불호!
두리안아이스크림

목이케이
莫義記
Gelatina Mok Yi Kei

INFO

ADD 冰仔舊城區官也街9A號
TIME 09:00~23:00
일요일 및 공휴일 휴무
HOW TO GO
쿤하거리官也街에 위치
Google Map
22.153387, 113.557121

마카오 남쪽섬 타이파冰仔의 관광거리 쿤하거리[Rua do Cunha] 초입에 있는 아이스크림집이다. 거의 100년이 다 되어가는 유서 깊은 아이스크림집으로 본래 토스트를 팔던 포장마차에서 시작했으나 아이스크림의 인기가 좋아 지금처럼 좋은 위치에 아이스크림전문점을 차리게 되었다.

이곳에서 단연 먹어봐야 하는 것은 두리안아이스크림이다. 사실 두리안은 한국사람에게 매우 호불호가 갈리는 과일이 아닐 수 없다. 냄새가 고약해 마트에 가서도 한국인들이 코를 쥐어 막는 과일이기도 하거니와 몇몇 공공시설에서는 두리안이 반입금지 품목으로 지정되어 있다. 그만큼 냄새가 강한 과일이지만 사실 맛있는 두리안은 대단히 풍미가 깊고 다채로워서 '과일의 왕'이라 불리기도 한다. 처음에는 두리안의 냄새에 학을 떼던 사람도 나중에는 두리안만 찾게 될 정도로 중독성이 강한 과일이기도 하다.

이렇게 두리안을 좋아하는 사람이라면 발벗고 찾아가는 곳이 바로 이 두리안아이스크림집, 목이케이다. 보통 대부분의 과일아이스크림이 과일은 향만 내고 아이스크림의 달콤한 맛을 먼저 느끼도록 하는데 이곳에서는 두리안의 강렬한 풍미를 그대로 아이스크림에 녹여내었다. 따라서 두리안을 좋아하는 사람이라

세라두라아이스크림

면 앉은자리에서 뚝딱 해치우지만 두리안 냄새를 못 견디는 사람이라면 두 숟가락도 못 먹고 그대로 버리게 된다. 무조건 자신의 두리안 취향을 사전에 확인하고 구입해야 한다. 만약 두리안을 먹지 못하는 사람이라면 생크림과 고운 쿠키가루를 여러 겹 쌓아 만든 세라두라木糠布甸아이스크림이나 망고푸딩을 맛보아도 좋다.

참고로 이 아이스크림집의 주인은 좋은 두리안을 공수하기 위해 매년 비행기를 타고 동남아시아에 가서 품종조사를 한다고 한다. 그리고 마흔 개가 넘는 두리안의 품종 중 값이 비싸지만 가장 좋은 평가를 받는 말레이시아의 마우싼웡貓山王 제품을 사용하여 아이스크림의 이름 역시 '마우싼웡라우린쒸거貓山王榴蓮雪糕'다.

과일의 왕 두리안 가운데서도 왕이라 불리는 이 두리안을 듬뿍 사용한 아이스크림에 한 번쯤 도전해보는 것도 마카오 미식투어에서 즐거운 경험일 것이다.

두리안아이스크림 마우싼웡라우린쒸거

쿤하거리의 터줏대감 중식당
셍청레스토랑
誠昌飯店
Seng Cheong

INFO

ADD 氹仔舊城區官也街28號
TIME 11:30–23:30
HOW TO GO
쿤하거리官也街에 위치
Google Map
22.153697, 113.556861

쉐이하이쭉

찜뽀까이

타이파의 작은 번화가인 쿤하거리에 위치하고 있는 레스토랑으로 마카오에서 개업한 지 60년이 넘는 노포다. 화려하지는 않지만 마카오의 소박한 맛을 즐길 수 있는 곳으로 마카오 현지인들의 오랜 단골집으로 유명하다. 특히 자연산 물게로 만든 물게죽 쉐이하이쭉水蟹粥이 제일 유명한데 물게죽은 마카오에서 꼭 먹어보아야 할 현지 음식이기도 하다. 마카오 물게는 민물과 바닷물이 만나는 지역에서 나오는 자연산 게다. 마카오에서는 이 물게를 이용해 많은 요리를 하는데 주로 물게 내장으로 국물을 만들고 게의 살을 발라 죽에 넣는다. 게의 살이 그리 많지 않지만 촉촉하고 부드러워 어린아이도 무난하게 먹을 수 있다. 죽의 식감이 끈적하지 않고 미음처럼 녹아내려 밥 대신 편안하게 먹기 좋다. 여럿이 갔다면 한 그릇 시켜놓고 나눠먹어보자.

서짝냉위카우팽막위윈酥炸鯪魚球拼墨魚丸은 잉어로 만든 피시볼과 오징어볼이 반씩 나오는 요리로 한국의 어묵맛보다는 피시볼과 오징어볼이 좀 더 쫀득한 식감이라 인상적이다. 특히 오징어볼은 오징어가 아

물게가 들어간 쉐이하이쭉

주 튼실하게 들어 있어 씹는 맛이 좋다. 마치 타코야끼를 먹다 문어를 씹는 것 같아 먹는 재미가 쏠쏠하다. 찡뽀까이醬爆雞는 간장으로 졸인 닭요리인데 간장치킨과 비슷해 한국사람 입맛에 잘 맞는다. 매콤하면서도 짭짤하고 살짝 중국향이 가미되어 있어 맥주를 부르는 묘한 맛이다.

마카오 현지 맥주인 마카오비어Macau Beer를 판매하는데 다른 유럽 수입맥주에 비해서는 다소 평이한 편이지만 마지막에 느껴지는 목넘김이 매우 깔끔하다. 음식들이 다소 간이 있는 편이기에 마카오 맥주를 함께 즐기기를 권한다.

관광지에 위치하지만 현지인의 단골 요리집을 찾는 사람에게 추천하는 레스토랑이다.

마카오비어

서짝냉위카우팽막위원

편안한 분위기의 가정식 매캐니즈

오카스티수

O Castiço

INFO

ADD 氹仔舊城區施督憲正街65號
TIME 11:00—23:00
목요일 휴무
HOW TO GO
쿤하거리官也街에 위치
Google Map
22.153728, 113.558302

마카오의 남쪽 섬 타이파의 중심지 쿤하거리에 위치한 매캐니즈 레스토랑으로 가정집 같은 아담함과 소박함으로 인기를 끄는 집이다. 일반적으로 매캐니즈 레스토랑은 비싼 가격에 화려하게 치장된 집이 주류를 이루는데 이 집은 순박한 포르투갈 맛집이라고 일컬어질 만큼 가격이 합리적이고 분위기도 소담하다. 그리고 여느 매캐니즈 레스토랑에서 선보이는 흔한 메뉴 대신 오카스티수 스타일의 스테이크 등 이 집에서만 볼 수 있는 특제 메뉴들이 있어 정형화되지 않은 독특한 매캐니즈 레스토랑을 찾을 때 추천하는 집이다. 그래도 포르투갈 현지에서 맛볼 수 있는 메뉴들 위주로 구성되어 있어 포르투갈식 매캐니즈 요리에 가깝다.

실내에 테이블이 다섯 개 정도밖에 없으며, 약간 어두운 조명에 주방이 훤히 들여다보이는 오픈 키친이다. 서빙하는 점원이나 셰프 모두 밝고 유쾌한 스타일이어서 식사하는 내내 기분이 좋았던 집이다. 서빙 직원들은 추천 메뉴를 자세히 소개해주고 맛은 어떠하였는지 묻는 등 세심하게 손님들을 케어하는데 아마 테이블이 적어서 가능한 일이지 싶다.

먼저 우리가 주문한 바지락월계수볶음Ameijoas a bulhao pato(Clams 'Bulhão Pate' Style)은 포르투갈 수도인 리스본의 해산물 식당에서 즐길 수 있는 대표적인 애피타이저로 바지락을 올리브오일, 화이트와인, 마늘과 월계수 잎, 고수와 레몬 등과 함께 빠르게 볶아 나오는 요리다. 화이트와인의 산뜻함

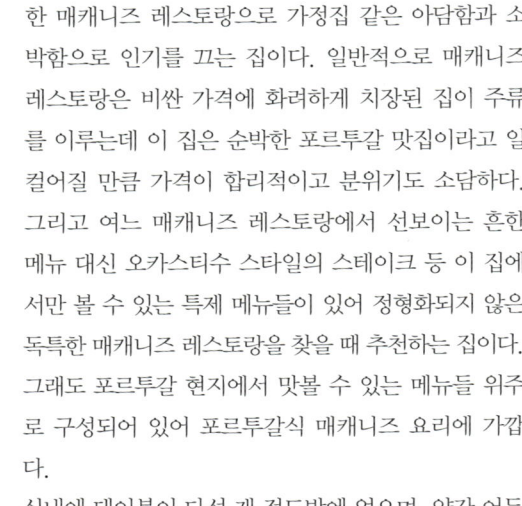

바지락월계수볶음

과 레몬의 새콤함, 마늘의 알싸함과 고수의 향미가 바지락에 잘 스며들어 식전의 입맛을 돋우는 데 훌륭한 역할을 한다. 바지락을 얼추 먹고 바닥에 남은 국물에 식전빵을 찍어먹어도 너무 잘 어울리는데, 국물에서 느낄 수 있는 진하고 짭조름한 해산물맛이 담백한 빵과 환상적인 조화를 이룬다.

그릴드소시지

그릴드소시지Chouriço assado(Grilled Portuguese Sausage)는 돼지고기와 지방, 파프리카와 마늘 등을 넣어 만든 소시지로 두터운 그릴 위에 올려 구워 먹기 좋은 크기로 썰어 낸다. 이 집의 소시지는 사실 대충 썰어 수북히 쌓아놓은 형태로 비주얼이 그렇게 훌륭하지 않아 기대가 없었지만 한입 먹어본 순간 반전의 맛에 눈이 휘둥그레졌다. 겉이 꼬돌하면서도 육즙이 가득한 식감, 피리피리 고추를 쓴 듯 약간의 매콤함과 함께 훈연한 고기의 풍미가 가득 느껴져 진짜 제대로 맥주안주라는 생각이 들었다. 간이 다소 짠 편이라 네 명 정도가 방문해서 한 접시 주문하면 알맞을 양으로 가성비 역시 넉넉한 술안주였다.

스테이크양송이버섯Bifinhos com Cogumelos(Tenderloin steak with mushrooms)은 이 집의 메인 메뉴로 안심스테이크와 양송이버섯이 크림소스에 버무려져 나오고 한 켠에는 흰밥과 감자튀김이 양껏 담겨 있다. 이것만 봐도 확실히 이 집은 연회나 모임을 위한 레스토랑이 아니라 정말 한끼 식사를 위한 집이라는 생각이 든다. 음식 수준이 훌륭해 한국인이라면 누구나 거부감 없이 맛있게 먹을 수 있지만 그렇게 특별하지는 않아 술안주를 위해 이 집을 찾는다면 스킵해도 무방하다.

이 식당은 '나는 특별한 집이야'라고 부르짖는 대부분의 매캐니즈 레스토랑과 달리 시내에서 조금 벗어난 외곽에서 조용하게 홀로 빛나는 집이라고 볼 수 있다. 따라서 매캐니즈를 처음 맛보는 사람보다는 마카오를 자주 방문하며 화려한 매캐니즈 음식에 지친 사람에게 조용한 힐링이 되어줄 수 있는 식당이다.

스테이크양송이버섯

2019년 〈짠내투어〉 프로그램에서 '마카오굴국수' 혹은 '신무이'라는 이름으로 소개되며 특히 한국인 관광객에게 인지도가 높은 집이다. 마카오 현지에서도 이 집을 소개할 때 한국 유명 예능에 출연한 것을 중점적으로 홍보할 정도다. 가게 안에도 한국인이 무척 많으며 한국인에게 유명한 집으로 오히려 유명해졌다. 물론 한국에서 과하게 홍보한 점이 있으나 산모우이는 현재 20년이 넘은 오래된 마카오의 맛집으로 본점은 타이파섬에 위치한다. 테이블이 대여섯 개 정도로 아담해 손님이 많을 경우에는 낯선 손님과 합석해서 먹어야 한다. 주문하기에는 다소 메뉴 구성이 까다로운데 일반적인 단품 메뉴를 고르는 것이 아닌 국수 종류를 고르고, 탕면에 들어갈 토핑을 원하는 대로 선택해 자신만의 메뉴를 조합하는 방식이다.

마카오 굴국수

산모우이
新武二
San Mou I

INFO

ADD 冰仔哥英布拉街105號175 R
TIME 07:00-18:30(일-목)
금-토 휴무
HOW TO GO
쿤하거리官也街에서
도보 10분
Google Map
22.157104, 113.556821

먼저 면은 쌀로 만든 세 종류, 밀가루로 만든 각각 가늘고 굵은 두 가지 종류가 있다. 여기에 토핑으로 굴과 다진 고기, 소양지살, 돼지귀, 각종 고기완자 등을 선택할 수 있다. 평균 두세 개 정도의 토핑을 올리는 게 일반적인데 가장 기본적인 조합은 가는 쌀국수米粉에 굴蠔, 다진 돼지고기碎, 완자肉를 넣어 먹는 것이다.

우리는 약간 넓은 쌀국수貴刁에 굴, 오징어볼目의 조합으로 먹어봤는데 기본적으로 굴은 씨알이 작지만 아끼지 않고 넣어준 느낌이다. 국물은 굴향 가득한 맑고 시원한 굴국밥 같아 굴을 싫어하지 않는 한국인이라면 마치 해장국처럼 속시원하게 먹을 수 있다. 여기에 튀겨낸 마늘 플레이크가 양껏 들어가 국물에 기름진 마늘향이 제법 진하게 배어 있어 한국인들이 좋

굴국수

아하는 요소를 다 갖추었다고 볼 수 있다. 꾸이띠아오는 광둥 북부 차오저우潮州지방과 푸젠福建지방의 쌀국수로 넓은 쌀국수인 허펀河粉보다 가늘고 통통한 편이며 적당한 찰기가 있다. 오징어볼은 오징어 향미는 덜하지만 식감이 매우 탱탱하여 베어먹으면 잇자국이 생길 정도도. 한국의 오징어볼과 같은 부드러운 맛보다는 쫀쫀하고 탱탱한 매력으로 먹는 어묵이다.

함께 시킨 메뉴는 가는 쌀국수에 다진 돼지고기, 돼지고기 완자를 넣은 조합이다. 돼지고기 완자 역시 매우 탱탱하고 육향이 가득한데 국물은 다소 밍밍하여 역시 굴국수로 유명한 집에서는 굴 메뉴를 시켜줘야 하는 느낌이다. 가는 쌀국수는 가늘면서도 쫄깃한데 약간씩 찰지게 끊어지는 식감도 가져 국수 먹는 재미가 있다.

사실 국수를 처음 맛보았을 때는 한국인에게 전혀 이질감 없이 익숙해 '맛있는데 굳이' 정도의 느낌이었으나, 식사 도중 아주머님의 추천으로 테이블에 놓인 다양한 소스들을 넣으니 진정한 굴국수의 맛을 깨닫게 되었다. 소스는 각각 오이고추절임과 작고 매운 고추, 피시소스, 라유로 오이고추절임 반 스푼에 작고 매운 고추 두 개, 고추기름인 라유 한 스푼에 피시소스를 냉면에 식초 두르듯 획획 두르니 완전히 다른 요리로 재탄생했다. 오이고추의 약간 매콤하면서 새콤한 식초의 맛, 작은 고추의 매운 기운, 라유의 기름지고 깊게 매운맛, 하이라이트로 감칠맛을 더해주는 피시소스가 굴과 육수로 만들어진 국물에 더해지면서 그야말로 다채롭고 맵칼한 맛이 완성되었다. 만약 마카오 굴

국수의 너무 익숙한 맛에 실망한 사람이라면 이 조합으로 소스를 뿌려 새로운 굴국수의 맛을 경험해봐도 좋다.

한 가지 단점이라면 본점은 메인 관광지에서 약간 떨어져 있어 접근이 어렵다는 점인데 최근 마카오 공항 지점이 생겨 마카오 공항으로 입출국하는 사람이라면 오며 가며 맛볼 수 있게 되었다. 유독 한국인에게만 유명한 마카오 굴국수이지만 한 그릇 먹고 나면 왜 한국인에게 유명한지를 깨닫게 되는 집이라 볼 수 있다.

각종 소스를 넣은 굴국수

마카오 에그타르트가 탄생한 곳

로드 스토즈 베이커리
安德魯餅店
Lord Stow's Bakery

INFO
ADD 路環市區戴紳禮街1號
TIME 07:00-21:00
HOW TO GO
콜로인路環에 위치
Google Map
22.118184, 113.551318

마카오에 간다면 꼭 먹어야 하는 것 중 하나가 에그타르트다. 푸딩 같은 홍콩식 에그타르트와 달리 마카오 에그타르트는 바삭한 파이 안에 달달한 달걀필링이 가득 들어가 있어 호불호 없이 누구나 좋아한다.

그중 로드 스토즈 베이커리는 마카오를 대표하는 에그타르트집이다. 1989년에 영국인 앤드루 스토[Andrew Stow]는 마카오의 작은 촌락에 로드 스토즈 베이커리를 차리며 에그타르트를 선보이기 시작했다. 그는 포르투갈 여행 중 에그타르트를 맛보고 마카오에도 선보이고 싶었으나 레시피가 없어 고군분투했다. 그러나 레시피 개발을 거듭하며 독자적인 에그타르트 레시피를 만들어냈다. 그 결과 마카오 에그타르트는 홍콩 에그타르트와 포르투갈 에그타르트와는 또 다른 새로운 맛을 구현할 수 있었다. 이후 마카오에 수많은 에그타르트 전문점이 우후죽순 생겼으나 마카오식 에그타르트 레시피를 처음 만들었다는 점에서 매우 의미가 있는 집이다.

로드 스토즈 베이커리는 마카오 곳곳에 분점이 많고 어느 지점이든 평균적인 맛을 낸다. 특히 한국인들이 관광지로 많이 찾는 베네시안호텔 안에도 입점해 있어 호텔 구경을 하면서 쉽게 먹어볼 수 있다. 그 외에 쿤하거리에도 입점해 있으나 앉을 곳이 없는 매장으로 운영되며, 언제나 긴 대기줄을 감내해야 하기 때문에 본점을 방문하는 게 아니라면 베네시안호텔 지점을 가장 추천한다. 특히 갓 나온 에그타르트는 바삭하면서도 따뜻해 가급적 에그타르트의 회전율이 높은 지점에서 먹어보기를 권한다.

마카오식 갈비버거

세이키카페
世記咖啡
Sei Kee Cafe

INFO

ADD 中環威靈頓街98號地舖
TIME 10:30-18:30
HOW TO GO
쿤하거리官也街에 위치
Google Map
22.154713, 113.556286

바게트 안에 양념한 돼지고기를 끼운 쥐빠빠오猪扒包는 마카오의 명물로 마카오 곳곳에서 파는 곳을 만날 수 있다. 세이키카페는 쥐빠빠오를 파는 곳 중에서도 가장 수준급의 맛을 내기에 마카오에서 쥐빠빠오를 먹어보고 싶다면 첫 번째로 추천하는 집이다.

사실 겉보기에 이 집은 간판이나 외관이 평범하고 허름한 카페 같다. 실제로 60년에 가까운 노포에 속하는 이 집은 매장 인테리어나 소품들에 옛것의 흔적을 그대로 남겨두었다. 포스터나 케첩통 등에서 마카오의 옛 모습을 찾아볼 수 있어 쥐빠빠오를 기다리면서 내부를 구경하는 재미 역시 쏠쏠하다.

이곳에서 단연 먼저 시켜야 할 메뉴는 쥐빠빠오다. 다른 곳의 쥐빠빠오가 고기는 튼실하지만 다소 퍽퍽한 반면, 이곳에서 양념해서 재운 돼지갈비는 매우 부드러우면서 촉촉하다. 바게트 역시 질기지 않아 고기와 함께 먹었을 때 궁합이 좋다. 마카오 쥐빠빠오의 진정한 맛을 즐길 수 있다.

파싼나이야오펑파이花生奶油方塊 역시 디저트로 먹기 좋다. 큐브 형태로 자른 식빵을 바삭하게 구워 위에 연유와 잘게 부순 땅콩을 뿌린 것이다. 고소하면서 달콤한 것이 한국의 인절미 토스트와 비슷한데 이보다 훨씬 건강한 맛이다. 혼자 먹기에는 다소 느끼하기 때문에 일행이 세 명이라면 하나쯤 시켜서 나눠먹으면 좋다.

밀크티와 커피 역시 훌륭하다. 밀크티 형왇나이차香滑奶茶는 홍콩의 유명한 밀크티집 란펑유엔蘭芳園과 같이 스타킹 재질인 나일론으로 만든 필터로 내려 혀끝에서 감도는 실키한 맛이 일품이다. 너무 달지도 않

쮜빠바오

으면서 홍차 특유의 그윽한 맛이 느껴진다. 적어도 마카오에서 먹을 수 있는 밀크티 중에서는 단연 수준급이다.

커피 역시 남다르다. 이곳의 커피 탄씨우카페이炭燒咖啡는 차콜로스팅 커피로 한국의 믹스커피처럼 달달하지만 조금 더 씁쓸한 맛이 느껴진다. 첫입에는 달지만 끝맛은 다크한 향이 입에서 맴돈다. 기름진 쮜빠바오와 함께 먹으면 그럴싸한 한끼 식사로 손색이 없다.

복고풍의 패키지 역시 아름다워 사진으로 찍었을 때 멋지게 나온다. 다만 아쉬운 점이 있다면 내부에서 음식을 먹지 못해 밖에서 서서 먹어야 하는 것인데 이 역시 현지인들과 어울려 먹다 보면 마카오에 여행 온 기분을 한껏 느낄 수 있다. 참고로 워낙 인기가 좋은 곳이라 오후 4시쯤이면 솔드아웃이 되니 이곳을 방문할 계획이 있는 여행자라면 가급적 일찍 가는 것을 추천한다.